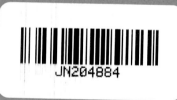

歌って唱えて字が書ける♪

下村式 漢字の教え方

現代子どもと教育研究所 下村昇・著

楽しく学べて漢字を好きにさせる秘訣

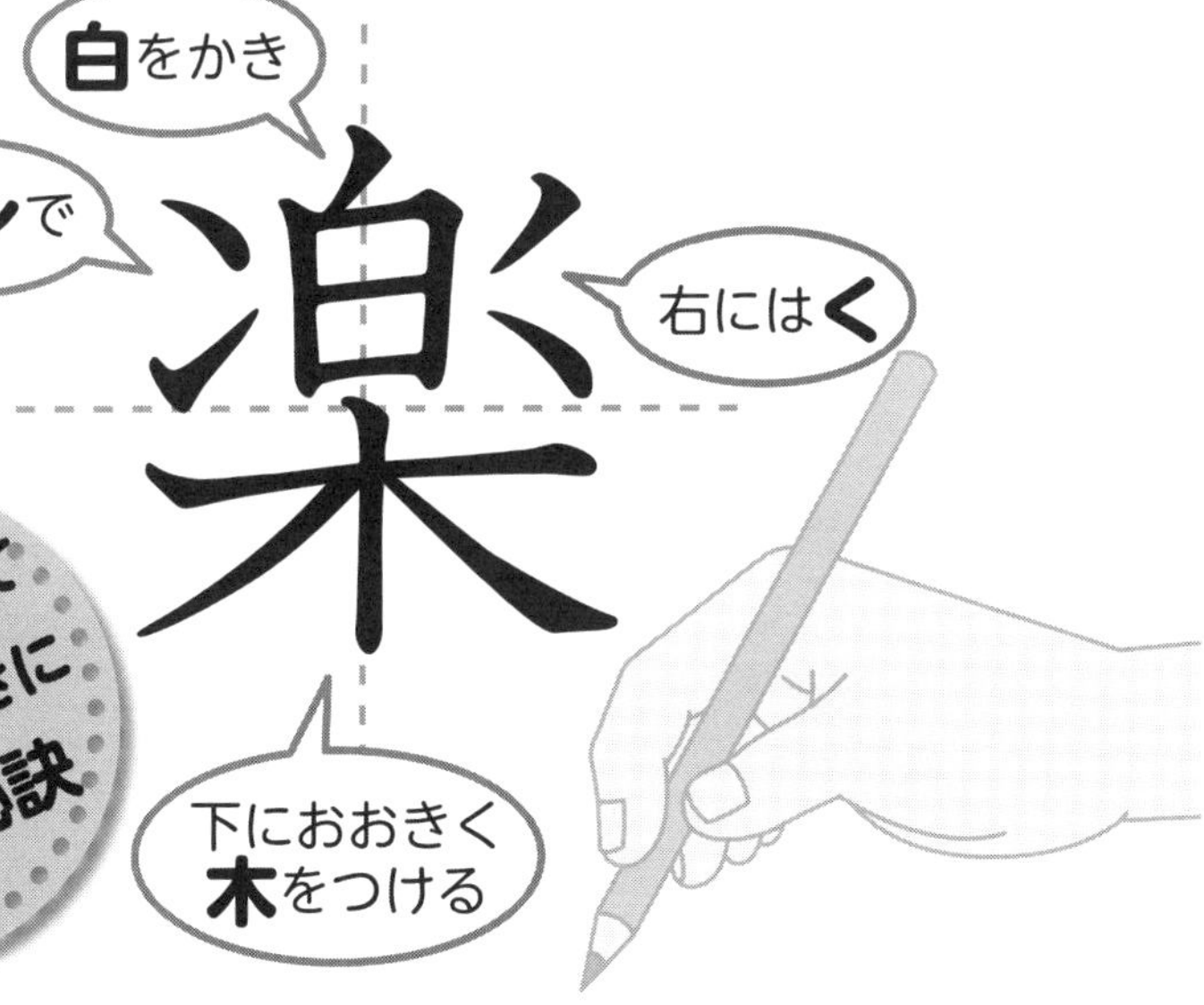
白をかき
左にンで
右にはく
下におおきく木をつける

クリロンワークショップ画空間

はじめに

この本は、従来の繰り返し書くだけのつまらない学習法を強いられている子どもたちに、少しでも楽しく漢字を覚えてもらたいという思いから作った下村式漢字学習方法について解説したものです。なんとか子どもたちに漢字を覚えさせてあげたいと願う親御さんや先生方に向けて書きました。

わたしたちが使っている漢字は、もちろん中国からきたものですが、もはや中国の文字ではなく、日本語になっています。たとえば、中国語で「さようなら」は「再見」（ツァイチェン）といいますが、日本の漢字辞典では、ツァイもチェンの読みも出ていません。中国の読み方だと教わった音読みですら、現代の中国の読み方ではなくいまや日本の読み方なのです。ましてや日本の漢字には日本独自の訓読みもあります。さらに日本では、いわゆる旧字体を新字体として、「學」を「学」にしたり、「賣」を「売」にしたりと字形を変えてしまいました。また、「働、畑」など日本のオリジナルの漢字も作ってしまったのです。

というわけで、日本の漢字を学ぶには、中国で作られた従来の辞典を使うのでなく、日本の漢字を調べるための日本の辞典が必要ですし、独自の勉強方法や指導方法が必要だということがわかっていただけるのではないでしょうか。

漢字を覚えるコツは、字を小さな部品の塊ととらえることです。それには漢字をビジュアルにとらえる、新字体にあった下村式の漢字の成り立ちが有効です。つぎに、大人も迷う筆順の覚えかたには、唱えて覚える口唱法という独自の学習方法を提案します。

そして最後には、以前からわたしが気になっていた漢字辞典の使用についての問題に触れようと思います。かわいそうなことに、今、子どもたちが自力で使いこなせる辞典がありません。なぜかというと、肝心の索引が子どもの力では使いこなせるようにできていないからです。これについては、低学年の子どもでも自力で引くことができる「下村式早繰り索引」を提案します。

下村式学習方法は、指導者や、子どもたち自身が工夫して運用できるのも特徴です。これから先も不備な点を改良しながら、日本の子どものために、多くの皆様の知恵によって、より良いものにしていっていただきたいと願っています。

著者記す

歌って唱えて字が書ける
『下村式　漢字の教え方』

目次

第二章　下村式漢字学習法・成り立ちの活用

第三章　漢字を唱えて覚える口唱法とは

第四章　口唱法はどのようにできているか

第五章　口唱法の効用と運用のコツ

第六章　書き順をめぐる混乱

第七章　子どもが使える辞書索引を作る

第一章　漢字は日本でどう育っていったか

(1) 仮名《かな》と真名《まな》と訓読み

漢字と国字

子どもに漢字を教えていると、「どうして、一つの漢字に、こんなにいろいろな読み方があるの?」と聞かれます。あなたも、子どもたちからそんなことを聞かれたことがあるでしょうか。

日曜大工ですこし凝った家具を作ろうとして悪戦苦闘していました。すると、家内が「いつまでかかるの?」と声をかけてよこしました。「うん…」「お料理、冷めちゃうわよ」「うん…」またもや、うるさいのです。こちらは生返事です。すると決定打の一声。「そんなに造作に凝ることないわよ」といいます。これにはギャフンです。普段にある、なにげない小さな家庭内の一コマです。

「そんなことは簡単だよ」といって、「そのわけを教えるのは造作もないことだ」というときの造作は「ゾウサもない」と読み、好きな日曜大工で「造作に凝る」のほうは「ゾウサクにこる」と読みますよね。

同じ「造作」と書く熟語でも、どうして読み方が異なるのかと質問されると、確かにそのとおりですし、わたしも予想もしていなかったためこの類の質問には、びっくりしたことがありました。

昨年、年末も近くなってから、近隣各市と同様に、かねて決まっていたごみの分別収集のためのボックスが各家庭に配布になり、その月からゴミ出しが有料になりました。そのときも、「分別」と書き、そして読み方は「ブンベツ」と読み、片や「分別のある意見」のように「フンベツ」と読むいい方もあることを実感したものでした。そういうときでした。「同じ字を書いて、どうして読みがちがうのか」と子どもからつめ寄られたのでした。ちょっと説明につまりますよね。さあ、どう教えてやればいいのでしょう。

突然、こんなことを聞かれると、詳しく相手が納得するような説明ができないで困る方もわたしだけでなくたくさんいると思います。ですから、そうした経験談を踏まえた話からこの稿を起こしましょうか。

ひとつの漢字が、ことばの使い方でいろいろな読み方になるのはどうしてかというのですが、一言でいうならば、わが国に漢字（ことば・いいかた）の入ってきた時代が違うことと、その発音を使っていた土地（都市）が時代と共に、あちらこちらと異なっていたからでしょう。土地の違いというのは、たとえれば、一つ一つの漢字（ことば）が東京弁のいい方で入ってきたのか、関西弁で入ってきたのか、あるいは九州弁として入ってきたのかといった、こんな違いと考えるとわかりやすいでしょう。そうしたことと共に我が国に入ってきた漢字は漢語としてばかりでなく、そのうちに日本語そのものの表記としても用いるようになりました。

これは実は漢字というものが、それぞれの当時の中国での読みの中にも、日本に入ってきた時代の違いや入ってきたとき主として使われていた言葉（発音・いいかた）の違いや、広い中国の中のどの地方のことばだったのかなどということと関係があります。

さらに、時代が進むと、文字はわたしたち日本人が、漢字をまねて、自分たちで考案するまでにもなってきました。いわゆる和製の漢字です。そうして、日本国内に漢字語が日本語として広まっていきました。日本でできた字の例を挙げれば「榊、裃、峠、嵐」などのような字がそうです。日本語ですが、漢字をまねして字形を作り、漢字と見まちがうような字になってきました。地名などにはそうした字が多いそうです。辻とか、畑などという字もそうです。現在ではこうした字もひっくるめて、わたしたちは「漢字」と呼んでいます。

ですが、そうした字は、中国から入った文字ではないという意味で、わが国で作られた文字（日本人が作った漢字体の字）であり、そして読み方は、これが日本語の読みであるということで、こうした漢字を「国字」という人もいます。

仮名《かな》と真名《まな》

さらには、漢字がわが国で長い時代を過ごし、日本人の中に浸透してくると、わが国でも中国語の特徴（一文字が一音節に対応しているということ）を応用して、そのまま一字が一音節を表す文字を作り上げました。これが片仮名や平仮名などの文字です。それで、片仮名や平仮名を漢字と区別して表音文字といいます。

そうなると、日本特有の文字として使用され始めた音節文字の一種「仮名」に対して中国伝来の漢字は「真名」と呼び、中国生まれの文字と日本独自の文字を区別するようになりました。それが日本生まれの「かなもじ」であり、中国生まれの漢字との違いです。しかも、漢字・真字（真名）を指すことばとして、男が用いた文字＝男手だという意味で「おとこもじ」という言い方も現れてきました。平安時代のころのことです。

多くの漢字や漢語（熟語）が、一般庶民の間に入ってきたのは、明治期以降、教育が普及してからのことだといわれています。江戸末期までの庶民にとっては、漢語（熟語）は巷《ちまた》にあふれている外国語以上にむずかしい、抵抗感のあることばだったようです。けれども、漢語は知識階級を主として、次第に使いこなされるようになってきました。

そして、さらに訓読み

「訓」とか「訓読み」といいますが、中国ではこの訓読みというのを、難解な語をわかりやすい語で説明したり、古語を現代語で置き換えたり、方言を共通語で説明したものだとしています。

それに対して、日本人にとって中国語（漢字）は外国語ですから、わたしたちが理解するには日本語に翻訳しなければなりません。それで、個々の漢字が表す意味をそれまでにあった日本語と関連づけて、日本語を書き表すのにも用いるようになりました。そのときの漢字の読み方をさして「訓読み」といっていました。こうして、現在の訓読みのもとはできてきたようです。

いまでは、知識階級ばかりでなく、我々庶民までが日本語の中に漢語を取り入れ、両者を一体として「日本語を書き表すには漢字と仮名を混ぜて書く、その際の仮名は平仮名とする」という決まりによって文章を書いているわけです。

（2）漢字音の読みの四種

漢字の音読みと訓読み

次には「音読み」の話に移りましょう。

今では、漢字には音読みと訓読みとがあるということは、誰もが知っています。そこで、あなたにお伺いします。

・第一問、小学校で卒業するまでに学習する漢字、いわゆる教育漢字といわれる漢字の字数は何字でしょうか。

＊これに正しく答えらえる人は七〇％くらいでしょうか。正解は一〇〇六字です。（二〇二〇年度からは一〇二六字に増える予定です。）現在の一〇〇六字の割り振りは、次の通りです。

一年生＝八〇字　二年生＝一六〇字　三年生＝二〇〇字
四年生＝二〇〇字　五年生＝一八五字　六年生＝一八一字

・第二問、漢字には音読みと訓読みといわれる異なった読みがあるということは今書いた通りですが、小学校で学ぶ一〇〇六字の漢字の中には音読みがない漢字と訓読みのない漢字があるということを知っていたでしょうか。

もしご存知ならば、音読みのない漢字が何字、訓読みのない漢字が何字あるでしょうか。正しく言えば「ない」のではなく、教育漢字の読みとして「認められていない」ということなのですが…。

＊訓読みだけで音読みのない漢字は…六字（届、貝、株、箱、畑、皿だけ）

音読みだけで訓読みのない漢字は…二九六字（央、仁、億、倍、信、像、俳、停、件など）

漢字の辞典を見ると、その漢字の「読み」を表す部分に「漢」「呉」「唐」「慣」などのしるしがついているものもあります。これは、それぞれその読み方が「呉音」「漢音」「唐宋音」「慣用音」という読み方であるということで、日本で採り入れていた漢字の音読みの歴史とかかわりがあります。

わたしたちになじみのあることばで、和服用の織物、反物を「呉服」といいますが、この「呉服」というのは、どこから来たことばでしょうか。

『明鏡・国語辞典』（北原保雄編・大修館書店）によると、呉服は古代の呉の国から日本に伝わった織り方によって作った織物で、くれはとり（上代、中国の呉から渡来したといわれる織工。

呉の織女の織る綾の意）だと記載されています。ですから、最初に日本に入ってきたときの読み方「呉服」に倣って、この読み方を漢音、唐音などに対して「呉音」といったわけです。

では、次に、それぞれの音読みについて説明しておきましょう。

呉音とは

ここからは学研『新版漢字源』や『角川漢字中辞典』の付録部分の「中国文化史年表」などを案内にしながら中学生当時の社会科の勉強のようですが、漢字音の日本への流入を見ていきましょう。

まずは、先史時代はともかく漢字に関係の深い殷の時代（殷王朝が成立し甲骨文字が作られたころ）からの流れを大まかに把握しておきましょう。

殷↓周（西周↓東周）↓春秋時代↓戦国時代↓秦↓前漢↓新↓後漢↓三国時代（蜀・呉・魏）↓晋（西晋↓東晋）↓南北朝時代（五胡十六国時代）↓隋↓唐↓五代十国時代↓宋（北宋と遼↓南宋と金）↓元↓明↓清↓中華民国↓中華人民共和国、これがおおよその中国の時代区分だと思ってよいでしょう。

第一章

さて「呉音」の発祥地、呉という国、ここは中国・周の滅亡後、紀元前五八五年～四七三年の春秋時代に存在した国です。呉越同舟とか臥薪嘗胆など、このころ（紀元前四八〇年ごろ）のことをもとにしてできた故事成語などは今も生きて馴染み深いことばになっています。しかし、呉は隣国の越（王は中国春秋時代後期の勾践）によって滅ぼされ、それ以後、戦国時代を経て、紀元前二二一年に秦によって中国全土が統一されました。ちなみに、このときの秦王が始皇帝です。さらに、三世紀の三国時代（蜀、呉、魏）にも、呉という国は長江の江南にあり、六代の王・闔閭（こうりょ）が現在の蘇州に都を置き、長江付近を支配し繁栄しました。

このように、呉という国は中国の江蘇省の長江（揚子江）以南の地方をいい、中国歴史上、一度、君主国家になりました。呉の人々は戦災や敗戦の混乱を避けるために二六〇〇～二四〇〇年前と一八〇〇～一七〇〇年前の二波にわたり、大挙して日本に渡来して来ました。そのときの呉の国からの渡来人が呉服ばかりでなく、いろいろな織物を伝え、広がり、倭（わ）の国（当時の日本の呼び名）に住む縄文人を征服し、現在の日本人になったという説もあります。

そういった呉の国で発達した織り方の服を呉服といい、倭の国の服は倭服（和服）といって区別しました。（明治になってからは洋服に対して和服となりました）。

日本人はこの呉の地方で使われていた漢字音を日本語の中に最初に取り入れたのです。五、六世紀ごろ（奈良朝以前）は、中国南部のこの地方（揚子江下流沿岸）は当時の日本との交流が盛んでした。それで、この地方での漢字の読み方が日本に伝えられたのです。日本の人々は呉の国の人々の漢字の読み方にしたがって、漢字を読んでいました。それが呉音といわれる読み方です。

この呉音は一部朝鮮半島を経由して日本に伝わったため対馬音とも呼ばれています。「利益」を「リヤク」、「自然」を「ジネン」、「変化」を「ヘンゲ」、「金色」を「コンジキ」と読む読み方です。

当時、百済という国は朝鮮半島西南部を治めていたのですが、中国南部の優雅な文化を早くから取り入れ、とくに文化度の高い国でした。日本との関わりはきわめて深く、この百済を通じて日本では先進文化を輸入していました。

仏教は紀元前五世紀ごろにインドの釈迦によって始められましたが、その後、中国から朝鮮半島に伝えられ、日本には五三八年に百済から入ってきたといわれます。日本は仏教の伝来によって入ってきた教典を呉音で読み下すことを覚えました。それで仏教用語は呉音で読むことが多いのです。

漢音とは

これに対し、七世紀から九世紀にかけての奈良時代から平安時代の初期になると、遣隋使や遣唐使の派遣も活発になり、多くの僧は当時の唐の都・長安（現在の西安）に留学し、先進的な唐文化を学び、中国西北地方の漢音を学んできました。

たとえば「供」という字は、呉音では「供物」の「ク」と読んでいましたが、現在の読みでは「供給」のように「キョウ」と読みます。この供を「キョウ」と読む読み方が漢音読みです。

【日】を呉音では：ニチ＝日光、日記　漢音では：ジツ＝昨日、本日
【人】を呉音では：ニン＝人形、人情　漢音では：ジン＝人家、人生
【男】を呉音では：ナン＝長男、美男　漢音では：ダン＝男性、男女
【内】を呉音では：ナイ＝内外、屋内　漢音では：ダイ＝内裏、境内

一般に呉音は六朝時代末期（おもに南朝の劉宋）の音系を反映し、漢音は唐代の長安音の音系を反映しているといわれています。この時代に入ってきた漢語は江南（かつての呉の地）の中国語でした。五、六世紀には南朝の宋を宗主とみなしていたので、そのころに入ってきた漢語

は江南方面の中国語だったわけです。

隋の文帝が南北分裂に終止符を打ち、全国を統一したのが五八九年ですが、日本では聖徳太子が一七条憲法を制定したのが六〇四年、その後、法隆寺の建立。そして六〇七年には小野妹子らが隋に赴き、六〇八年には遣隋使の派遣…と時代は進んでいきます。中国では六一八年に長安が都になりました。

そして、我が国では六三〇年に最初の遣唐使が唐を訪問し、六四五年に大化の改新が行われ、初めて年号を採用しました。そうした流れの中、やがては唐の漢字音が正音とされ、漢音と呼ばれるようになりました。

八世紀ごろ（奈良から平安にかけて）の時代になると、今度は中国北部の漢中地方（当時の唐の都・長安、今の西安を中心とする地方）の発音が、我が国に伝わってきました。そのころの我が国は、どんな時代だったのか、それも見てみましょう。

我が国で大宝律令が成立したのが七〇一年で、その九年後には奈良の平城京に遷都が行われ、七一二年には古事記が成りました。我が国からは遣隋使、遣唐使を派遣していましたので、そのころになると、彼らが直接学んだ当時の中国音（それが漢音です）を日本に持ち込むようになりました。それまでは、呉音が人々の間に定着していたのですから、新しく入ってきた漢音の習得や切り替えは大変だったことでしょう。日本書紀が成ったのが七二〇年です。

中国の書籍類（漢籍）、特に学問（儒学）関係の書物は漢音で読むという習慣も根付き始めてきましたが、仏教関係の書物、お経（仏典）などは以前から呉音で読んでいたわけですから、なかなかそうした習慣が改まりませんでした。そればかりか四書五経、礼記（文化風習についての論。五経の一つ）、論語などは呉音読みで読んでいましたので、その読み方は現在にまで伝えられてきています。ことに仏教関係のものの読み方は今でも呉音で読んでいるものがたくさんあります。

「京、経、形」などは、漢音で「ケイ」と読みますが、呉音で読むと「キョウ・ギョウ」ですし、漢音で「セイ」と読む「正、声、生、省、性、精」などは、呉音ではすべて「ショウ」と読みます。

また、漢音で「サツ」と読む「殺」（殺人）は、呉音読みでは「セツ」（殺生）。「兵役」（ヘイ・エキ）の「兵」は「ヘイ」と漢音で読みますが、呉音では「ヒョウ」（兵糧＝ヒョウロウ）。「役所」の「ヤク」という読みは呉音読みですが、「エキ」は漢音です。「役人」は呉音読みで「ヤクニン」（公務員のこと）ですし、「役夫は「エキフ」（労役のために人につかわれる人の意味）、「役民」は「エキミン」と読み（公の労役に服する人の意味）、これらはみな漢音です。

現在では呉音読みだったものが漢音読みに代わったということばはたくさんありますが、「ナン」と読む「男」は、今は「ダン・シ」（男子）、「女性」（ニョ・ショウ）は「ジョ・セイ」。「食堂」（ジキ・ドウ）は「ショク・ドウ」というように呉音読みが漢音読みに変わりました。「業」は「ギョウ」は漢音、「ゴウ」は呉音読みです。「ギョウ」と読むことばには「業者、業界、業務、業績」などがありますし、「ゴウ」という読みのことばには「業火、業因、業苦、業病、業腹」などいろいろありますが、わたしたちは今、これらをじょうずに読み分けています。しかし、わたしたちにはそれが漢音か、呉音かを見分けるのは難しく、辞書を見るしかありません。辞書には「漢」「呉」「唐」のように、その読みがどの時代の読みなのかがわかるように記してくれてあります。

唐音も入ってきた

呉音・漢音のほかに、もう一つ唐音というものがあります。唐音は宋音とも呼ばれ，鎌倉時代に渡日した宋の僧侶や商人が運んできた新しい南方の音読みだといわれています。呉音、漢音などはその時代の王朝名を表す言い方でしたが、唐音はそうではなく、「中国」ということを言い表す語（日本語特有の語では「唐土・もろこし」）です。遣唐使の中止で途絶えた日中の交流が鎌倉期以後にまた再開し、禅宗の留学僧や民間貿易商などによってもたらされたのだそうです。その例を少し挙げてみましょう。

繻子（シュス）、杜撰（ズサン）、水団（スイトン）、扇子（センス）

炭団（タドン）、箪笥（タンス）、湯麵（タンメン）など。

今まで述べた三つの音、「呉音、漢音、唐音」の変化の顕著な例として、よく挙げられるのが「明」や「行」などという漢字です。日本語では「明」を、呉音でミョウ（明星）と読み，漢音ではメイ（明暗）、そして唐音ではミン（明朝体）と、三通りに読みます。また「行」も漢音ではギョウ（行事）、呉音ではコウ（行楽）、唐音ではアン（行脚＝アンギャ）と読んでいます。

そのほかの禅宗用語として唐音には、和尚（オショウ）、椅子（イス）、普請（フシン）、暖簾（ノレン）、堤燈（チョウチン）、蒲団（フトン）、土瓶（ドビン）などという読みがあります。

慣用音とは

大正時代以後になると呉音、漢音、唐音などではない読み方も出てきました。多くは間違って読んでいたとか、発音しやすいように言い換えたとか、あるいは旁（つくり）の部分を勝手に類推して読んでいたなどと考えられる、いわゆる間違い読みがあります。

そうした読みを知らず知らずのうちに、みんなが使うようになって広まっていった読み方、そうしたものを慣用音とか百姓読みなどともいいます。辞書には「慣」のようにしるしがついています。こうした読みは古くからあったものではなく、大正時代以後に呼ばれたものだということです。

例えば、消耗の「耗」は、呉音や漢音の読みでは「コウ」ですが、これを「ショウ・モウ」と、「モウ」と読んだり、洗滌の「滌」は「デキ」ですが「セン・ジョウ」と読んだりしています。こうした読みが慣用音といわれるものです。

「固執」はどうでしょう。「コシツ」と読むか、「コシュウ」と読むか、あなたはどちらで読んでいるでしょうか。パソコンでは「コシツ」「コシュウ」のどちらを打っても「固執」と出てきますが、「執」を「シツ」と読むのは慣用音です。「執行、執務、執政、執筆」などもそうです。しかし「シュウ」は呉音、漢音での読みです。これらの読みに該当する熟語には「執心、執着、執念」などがあります。ただし「執」は教育漢字外の常用漢字です。

結論的にいうと「固執」を今は「コシツ」と読むのが一般的のようですが、意味に着目すると「コシュウ」が本来の読みのようですし、古くは「コシュウ」だったように思います。

しかし、このような間違った読みがあたかも正しい読みのごとくに辞書に堂々と載るようになったのですから、ことばというものはいかに流動的かということがわかります。しかし、慣用音の認定には現在は困難な問題を含んでいるようで、辞書によっても差違があるようです。

日本語になりきった漢字

こうした歴史を振り返ってみると、漢字とはいうけれど、日本における漢字は中国からの伝来ではあっても、現在では日本字そのものであって、中国字ではないといってもよいと思います。生まれは確かに中国ですが、育ちは日本。長い年月、日本で育って、そして今や日本語を書くための日本字そのものになってしまっているのです。子どもに外来語（外国から入ってきたことば）の由来を教えるとき、

①外国語↓外国のことばそのもの、↓例：パーソナルコンピューター

②日本に住み着いた語↓外国語だとはわかるけど、日本語のように言い慣れてしまったことば↓例：スポンジ、ネクタイ

③日本語になりきってしまった語、↓外国語とも思わず、日本語そのもののように使っていることば↓例：タバコ、ズボン

といったような段階的な分け方をすることがありますが、そうした考え方を漢字の読みに当てはめてみてもよいかも知れません。

たとえていうならば、「ガラス」（glass＝英語）ということばを今や子どもたちは日本語として使っています。もはや外国語だとは思わない子どもが多いのではないでしょうか。これが③の「日本語になりきった語」の部類のことばです。

古い人たちはこのガラスをギヤマンといい、また、玻璃（はり＝水晶・ガラスの異称）とか瑠璃（るり＝青色の美しい宝石・ガラスの古称）などともいいましたが、現在、ガラスを「はり」や「るり」などのような、こうした言い方をする人はいません。それればかりか、このガラスは漢字で「硝子」（ガラス）とも表記するようにさえなってしまいました。

ご存知でしょうが、「金平糖」という甘く小さな星型をしたお菓子があります。これとても、もとはポルトガル語の「confeito」からきたことばで、コンフェイトと読みますが、それが日本ではコンフェイト→こんぺいと→金平糖となったといいます。「金平」は当て字、「糖」は砂糖の「糖」で甘いというところから当てたものでしょう。

このように、漢字の顔かたちは中国の文字（漢字）ではあっても、また使用法も意味も似ているものもたくさんありますが、すべてが中国文字ではないのです。それればかりか、中国でさえ、今や「漢字」でなく簡体字と呼ばれる文字を使っている状況です。
コカコーラ（Coca-Cola）は、別称、コーク（Coke）のことですが、発祥国はアメリカです。そのコカコーラを現代中国語では「可口可乐」と書きます。昔の漢字（本字）ではありません。昔の中国の漢字に直すと「可口可楽」となりましょうか。

日本の漢字と中国の漢字

同じように、現代の日本で使用している漢字は伝来のころの漢字（この漢字を旧漢字、あるいは旧字体ということにします）と異なるものがたくさんあります（たとえば臺→台、學→学）。これなどは、現代の中国で使われている漢字（簡体字）とも違います。こうした漢字を「新字体」、あるいは「常用字体」といいます。

そうした違いの一例を見ていただきましょう。【　】内の漢字が現在わたしたちの使っている新字体・常用字体です。↓印の後の字体は現代中国の簡体字です。

【愛】↓　爱

【見】↓　见

【門】↓门
【語】↓语
【動】↓动
【親】↓亲
【橋】↓桥

日本漢字（日本語表記）と中国漢字（中国語表記）で戸惑うのはこうしたことばかりではありません。熟語の組み合わせ方が異なる語彙がたくさんあります。たとえば、日本語の「平和」は中国語では「和平」、「終始」が「始終」、「売買」が「買売」、「運命」が「命運」、「言語」が「語言」、「詐欺」が「欺詐」、「限界」が「界限」、「紹介」が「介紹」、「面会」が「会面」、「絶滅」が「滅絶」、「養護」が「護養」、「正々堂々」が「堂々正々」などとなります。

また、よく知られている話では、日本で「手紙」と言えばレターのことですが、中国語では「手紙」といえばトイレットペーパーであり、「湯」は日本でいうスープ（お汁）のことであって、お茶を淹れるためのお湯とか、お料理を作るためのお湯のことではなく、さらには風呂のお湯の意味でもないのだというのです。

日本語では「大家さん」といえば貸家を持っていて他人に貸している家とか、部屋の持ち主ですが、中国語では「みんな」のこと。「猪」は「豚」、「丈夫」は立派な男性とか、すぐれた男子のことですが、中国語では「夫」であり「亭主」のことだといいます。「放心」は日本では気が抜けてぼんやりするという意味で使いますが、中国では「安心してください」だというのです。

また、日本の「嘘も方便」の「方便」は中国では「便利」という意味だといいます。同じ漢字二字の組み合わせによる熟語だとはいっても、やはり語順が違い、意味も違います。漢字の顔が同じだからといっても意味が通じるというわけにはいきません。何世紀も経てやっと根付いた日本の漢字ではありますが、漢字の顔は同じでも、日本の漢字は中国語でも中国字でもないのです。

第二章　下村式漢字学習法・成り立ちの活用

（1）「成り立ち」の活用

あらためて漢和辞典を見てみましょう。それぞれの漢字の読みや画数などの次に、「字源・解字・成り立ち」などと言い方はいろいろですが、漢字のでき方について述べてある部分があります。この部分を読む人は、今ある親字（辞典の見出しになっている一字一字の漢字）の意味を理解する手段として、大いに活用しているようです。学校でも漢字学習の際、それぞれの漢字の成り立ちを字形や意味と共に教えることは有効な面が多々あることです。

たとえば、「東」という漢字。現在、この字の意味と字源は国語辞典・漢和辞典などには次のように説明されています。

（例1）「東」

①方角の名・日の出る方向↓西

②東風・こち

③相撲の左右対称に記された番付で右側の称（「西」より上位に位置する）（『現代国語例解辞典』第三版・小学館）

（例2）中に心棒を通して両端を縛った嚢（ふくろ）の形を描いた象形文字、「木＋日」の会意文字とみる旧説は誤り。嚢（のう）や嚢（ふくろ）の上部の束と同じ。（『学研漢和大字典』藤堂明保・学習研究社）

（例3）東はもと嚢（ふくろ）の象形字で嚢の上下をくくった形。のち、仮借して方位の東の意に用い本義の嚢の意に用いることはない。東の初文は象形である。（『字統』白川静・平凡社）

（例4）日が木中に在るを東といい、上にあるを杲といい、下にあるを杳という。木は若木なり。日の昇降するところ。（増補『字源』簡野道明・角川書店）

この「東」という漢字が「どのようにしてできたのか」「どんな意味をもつか」というのが従来の字源（字解・成り立ち）の考え方で、『学研漢和大字典』（藤堂明保）では『中に心棒を通し両端を縛った袋の形を描いた象形文字』（図1）だと説明しているのですが、下村式では「東」という漢字の

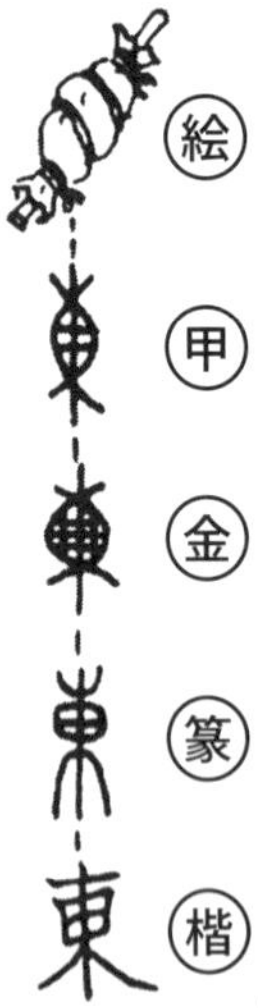

図1

持つ意味を理解してもらうための手段として、あえて（藤堂明保が）『木＋日』の会意文字とみる旧説は誤り」だとしている説を活用しようとしています。

いわば字源の持つ意味を押し広げ、また、ことばやたとえを加えてわかりやすく言い換えて、その漢字の持つ意味を詳しくわかりやすく説明する方法として活用しようとする立場、いうならば敷衍的方法であって、その字の解字学的な字源を述べようとしているわけではありません。

かんじのおはなし

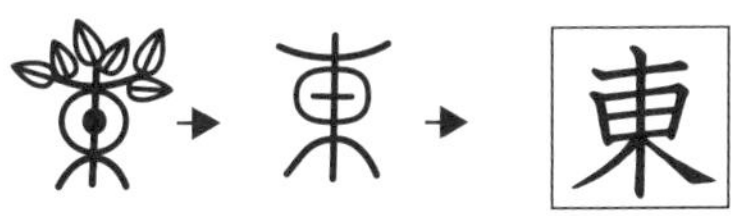

木《き》の形《かたち》とお日《ひ》さまの形《かたち》。

■木《き》のえだのあいだから太陽《たいよう》がでてきた形《かたち》で、日《ひ》のてる方向《ほうこう》**〈ひがし〉**をあらわす。

図2

（2）従来の漢和辞典の説明

従来の（親の代から家にあったような）古い漢和辞典を見てみましょう。常用漢字に「台」という字があります。それをある辞書では、この「台」の本字は「臺」だといいます。しかし、現在の子どもは常用漢字の字体でしか漢字に触れませんから「臺」という漢字（旧字）を見たこともありませんし、知りません。ところが、そうしたことにはかまわずに、現在の一般の漢和辞典では次のようにいいます。

第二章

①「臺」は「土」＋「高」の略体＋至の会意文字だとして、「土を高く積んで人の来るのを見る見晴らし台」を表す。のち「台」で代用する。台はもと「口」＋音符ム（目の変形）の会意・形声文字。ムは曲がった棒で作った耜（すき）のこと。その音を借りて一人称代名詞に当てた。（『学研漢和大字典』藤堂明保）

②旧字は「臺」に作り、高の省形＋至。室、屋と同じ意味。至は、占いとして、矢を放ち、そこに建物を営む意を示す。室は、神明・鬼神のいるところで、起源的には臺も廟所をいう語であったらしい。台を今その略字とするが、台はム（すき）に祝禱の器の口（さい）を加えてスキを清める儀礼のことで、臺とは系統を異にする字である。（『字統』白川静）

③台は星の名。上、中、下の三星あり、ゆえに三星という。転じて三公の称、さらに転じて敬意を表する語となる。俗に臺の俗字として用いるは非。（増補『字源』簡野道明）

ここでは、三種の辞典を紹介しましたが、あなたはどの辞典が「よい辞典」だとして推薦するでしょうか。わたしには判定のしようもありませんが、「台」を説明するのに、これらの説をそのまま移行して子どもに紹介しても、おそらく子どもにはわからないだろうと思います。しかも「台」の本字は「臺」だといわれても、現在の子どもが目にし、使って（読み書きして）いるのは常用漢字字体の「台」なのですから、子どもは「台」という字を構成する「ム」は何か、「口」は何かと、素直に知りたがるのがふつうではないでしょうか。としたならば、その疑問に沿った説明の仕方に作り替えて提示することが必要なのではないでしょうか。（図3）

こういうと「それは無謀だ」とか「乱暴すぎる」などという声が聞こえてきそうです。字源を直すとか、替えるとは何事かといわれそうですが、果たしてそうでしょうか。わたしは現在の子どものために、子どもにわかることばで作り変えるのがよいのではないかと思っているのです。それは字源の研究のためではありません。その漢字の持つ意味（意義）を子どもに十分わかりやすく理解してもらうためです。

そういう意味で字源とか解字などということばを使いたくありませんので、この部分をわたしの辞典では「漢字のお話」としています。「漢字のメルヘン」だと考えてもらうとよいと思っています。

かんじのおはなし

四方《しほう》をみわたすための、ものみだいの形《かたち》。

■高《たか》いものみだいの形《かたち》から**〈高《たか》くて平《たいら》なところ〉**の意味《いみ》になった。

図3

第二章

（3）常用漢字の字体と字源例

字源は一様ではない

あえて漢字学者に対して反論するというわけではありませんが、現在、わたしたちが使っている辞典は、わかりにくい面があると思うのです。

藤堂明保（『学研漢和大字典』の著者）は漢字を中国語の発音面から語源的に考察した研究を発表しています。

たとえば、中国語で「コウ」といえば「互い違いに組む」という概念を包含したことばであり「交、郊、校、構、講、購」など、「コウ」という音を持つ字は、どれも「互い違いに組む」という意味概念を持つことばであるという考え方をしています。

すなわち「交」は人が足を互い違いに交差させた姿を描いた象形文字でX型に交わることを意味するといいます。そして、その「交」という部分を左側に持つ「郊」は「邑」（むら）と「交」（交わる・行き来する）の合わせ字であり、町から行き来することのできる範囲の間近い村里だといいます。だから郊外は都市に隣接した田園地帯をいうのだというわけです。

そしてまた「構」は「交」と字体は違いますが発音は同じ「コウ」であり、「構造」「構築」などのように使います。その元になる「冓」（コウ）は、向うとこちらに同じように木を組んで建てたさまであり、向こう側のものは児童画のように逆に書いてあるのだといい、それに「木」をつけた「構」は木をうまく組んで前後平均するように組み立てることだとして、だから「構成」などということばがあると説明します。

一方、白川静はその著『字統』（平凡社）で「文字は系列化を通じてその形義が確かめられる」として、字の起源的な形体とその意味を明らかにする方向からの研究・解釈をしています。その代表的なものが「口」（さい）であり、これは神に祈るとき、盟誓（誓い）を行うときの祝詞や盟書を入れる器の形だという考え方です。したがって、この「口」という形を持つ字はその字形において系列をなし、その字義において共通するものを持っているといった考え方をします。

『たとえば「古」は「十」（方形の干の形）と「口」だとして、「口」は祝詞などを収める器の形であり、その器を聖器としての干で固く守護し、久しくその祈りを機能させようとした。それで先例旧慣の意となり旧古の意となる』と説明します。

また「固」は「囗」と「古」で、「古」は祝禱を収めた器の上に聖器としての干をおき、その呪能を固く守る意で、旧古の意がある。その「古」に外囲いを加えて堅固・固定の意となる。その程度を越えることを頑固という』と説明しています。(正直にいいますとわたしには「たとえば」部分以下の説明の意味がよくわかりません。)

ともかく、こうした説明を見ても、字源研究については、また参考にする上でも、だれの説が正しいか、正しくないか、ではないということがわかることだと思います。ましてや字源の考え方は正誤の判定ができるような学問でも、他と比べて判定するような研究でもないことがご理解いただけることだと思います。

くどいようですが、大事なことですので、もう少し具体例をあげて説明を加えてみましょう。「突然」の「突」、この字は旧字体では「穴」と「犬」とを合わせた九画の字でした。そしてこの「突」の説明は今まで述べたように、当然、それぞれの研究者の研究の仕方、研究の方向、考え方などによって説明や考え方がいろいろ異なります。ですから、「これが正しい」とか、「これは間違い」などといえるものでもありません。

この字形はどんなものの形からできたのか、そしてその形はどんな意味を持っているのか、といったことが研究されなければなりません。

次に例として取り上げる二氏の研究の方向はそのことをよく表している例だと思います。当然のことながら互いに異なる説明であることを理解していただきましょう。

「突」…トツ

①「穴」＋「犬」で、穴の中から急に犬が飛び出すさまを示す（藤堂明保『学研漢和大字典』）。

②「犬」は「いけにえ」として供える犬。穴は竈の焚口で、そこにいけにえの犬を供えて祀ることをいう。（白川静『字統』）

とあり、解字の考え方は異なりますが、両者とも「穴」と「犬」の合わせ字だとしています。それが常用漢字では「穴」＋「犬」の形ではなく、「穴」と「大」の形の「突」という字形の字になり、総画数も九画ではなく、八画になっています。

反対に画数の増えた字もあります。「歩」を見てください。常用漢字字体では「止」と「少」との合わせ字の形になっています。この字の旧字体は「止」とその反対形を上下に重ねた形です。それを、漢字学者はどう説明しているでしょうか、これについても見てみましょう。

「歩」…ホ・あゆむ・あるく・ゆく

①「右の足と左の足」で、右と左の足を踏み出すことを示す。足の面を地面に近づけてばたばた歩くこと。（藤堂明保『学研漢和大字典』）

②足の動きを表す足あとの形を、左足と右足の足あとの形を連ねた形、または右足と左足の足あとを前後に連ねた形が「歩」で、まえに「あゆむ、歩く、ゆく、一歩」の意味となる。（白川静『字統』）

「突」については、前者は「犬が穴から急に飛び出すさま」だといい、後者は竈の焚口にいけにえの犬を供えて祀ることだといいますが、「歩」については両者とも左右の足を交互に前に出して歩行することだといい、左右の足あとの形だと説明しています。

ところが、常用漢字では、その字体が左足と右足の形ではなく「止」と「少」の形になっています。そうして本来七画だったものを八画に変えています。

こうした字体は「異体の統合・略体の採用・点画の整理など」によって生まれたものだと説明しているわけで、当然問題が出てきます。その問題というのは新しい字体の字形と旧字体（本字）とは異なるのだということです。

旧字体の「數」は「数」にかわり、「舊」は「旧」に代わりました。「類」も「米」と「犬」と「頁」だったものが「米」と「大」と「頁」の「類」に代わりましたし、「蠶」は「蚕」に代わりました。したがって旧字体では「虫」の部の一八画だった字体が今は「虫」の部の四画になってしまいました。

漢字の研究は「形・音・義」の三方向から

漢字の研究は「形・音・義」の三方向からなされなければならない——これは今や漢字の研究者にとっては常識となっている考え方です。「形」というのは、その漢字を組み立てている点や線のことで、漢字の図形的要素です。「音」は、その漢字のことばとしての読み方、すなわち、音声的要素です。そして「義」、これは漢字の意義（意味と原義）で、そのことばの持っている意味、漢字の意義的要素です。

たとえば「扶」という字。この字は「手」（扌）と「夫」の合わせ字です。

『説文解字』には「くるなり」とあり、「扶持・扶助」であり、「手助けする、手を添えて助ける」

ことをいうと説明されています。

「扌」は「手へん」ですから、手でする動作を意味し、「夫」はこの字の発音を表す部分で、この場合、意味には関係がありません。同じように「拍」は「手」と「白」で、手のひらをポンポンと当てて音を出すことをいいます。この場合の「白」は両手を打つときの音を擬声的に用いたものです。歌を歌ったりするとき、手を打ってリズムをとりますが、そうしたときの両手を打った時に出る音を「ハク」といいましたので「ハク・パク」という音を表した擬声語であり、「手へん」と「白」という字でこの字の読みを表したものを合わせて作ったものが「拍」だというわけです。こうした漢字の作り方を「形声」といいました。

以前の漢字研究では、この漢字の要素「形・音・義」のうち、「形と義」を中心とした字源研究（訓詁学）が進められたり、「音」を主とした研究（音韻学）が進められたりしてきました。しかし、こうした方法は今や、漢字研究の常識から外れていますから正しい漢字研究の方法ではなく、「漢字の研究は形・音・義を含む三部門を一体としてなされなければならない」というのが漢字研究者の間では、共通認識になっています。

漢字のメルヘンとしての説明

そうしたことを承知のうえで、あえて漢字を「現代のメルヘン」として捉えようというのが『唱えておぼえる漢字の本』（学年別）であり、『下村式・小学漢字学習辞典』であり、『唱えて書く漢字練習ノート』（以上は偕成社刊）、さらには『ドラえもんの歌って書ける漢字１００６』（小学館）など、いわゆる下村式口唱法と呼ばれる方法を用いた一連の本です。

わたしたちが使っている漢字のうち八〇～九〇パーセントは意味を表す部分と音を表す部分とを合わせて作られている形声文字といわれるものです。ところがその発音を表す部分が発音の機能を失っている漢字も少なくありません。

「空」は漢音で「コウ」、呉音で「クウ」、慣用音で「ク」と読みます。そしてこの「空」の音はどこにあるかというと、それは穴かんむりの下にある「工」（コウ）だといいます。お手元の辞典の音訓索引を引いてみてください。「コウ」の項に「空」が出ているでしょうか。現在わが国の常用漢字辞典で「空」を「コウ」とは読みません。「空」が「コウ」という読みで残っているのは「控」（控除）、「腔」（口腔）など限られた熟語でしかないと思います。しかも、「腔」は常用漢字外の漢字ですし、「控」は常用漢字ですが教育漢字、すなわち小学生の学習漢字ではあ

第二章

りません。

このようにして漢字の読みを（ことに形声文字といわれている字を）調べてみると、現在でも子どもの読める音声的要素として生きている漢字は、学習漢字中一三〇字〜一四〇字ほどしかありません。そうしてみると、学習漢字一〇〇六字を形声の考えを持ち込まず、象形・指事・会意的に考えて、「現代のメルヘン」として知的遊びの要素を含めて解説を試みるのも面白いことだと思うのです。

従来の作り方を否定するのでなく、それによって子どもが漢字への深い興味を覚え、漢字学習が好きになり、積極的に漢字の勉強に取り組むようになるとしたら、こんな素晴らしいことはないと思うのです。子どもたちが、もし、ある漢字を見て「この漢字は「宀」（ウ冠）がついているから、（上から屋根をかぶせる意味を持つ字ではないだろうか）とか、（家に関係のある字ではないかしら）」とか、「广」（まだれ）がついているから、住居や家屋に関係のある意味を持つ字だな」などと自分で考えていくようになれたら、もっともっと素晴らしいことだと思うのです。

そうした意味で、『字源は一様ではない』の項で、「蠶」は常用漢字としては「蚕」に代わったといいましたが、その「蚕」を例に使って従来の字源的説明の方法と下村式の漢字のメルへンとしての説明の例を比較していただきましょう。

まず、旧字体の「蠶」はどう説明されていたかといいますと、次のようになっています。

「蠶」サンの例

・字形…昆虫の意味を表す「䖵」と音を表わす「朁」とからなる形声字。

・字音…サン。この字の音は「サン」であるが、古音は「尋」（ジン）である。「サン」の音の表す意味は「妊」（ジン・ニン・はらむ）である。

・字義…糸をはらんでいる昆虫、すなわち「蚕」の意。

・参考…常用漢字の「蚕」「朁」(サン・テン)は元の「蠶」とは別字「ミミズ」の意であったが「蠶」の省略字として使われた。

ここでは「蚕」の旧字「蠶」を説明し、参考として「蚕」はミミズだが、「蠶」の省略字として「蚕」を使っているとしか出ていません。そうであるならば、代用として使っている「蚕」の構成は「天＋虫」であり「天」はなに、「虫」はなに、したがって「蚕」はなに——と説明して欲しいと思いませんか。

右の説明の仕方をまねて子ども用に解説を作るとしたら、次のようにしたらどうでしょうか。子どもの想像力をかき立てるような説明の仕方がよいでしょう。下村式の例を示してみます。

「蚕」（サン）・かいこ（図4）

・字形…「天」と「虫」の合わせ字。

・字音…（サン・ソン）・かいこ

・字義…「天からさずかった、きぬ糸がとれる虫」ということから「かいこ」の意味を表した。（『下村式・小学漢字学習辞典』偕成社から）

・参考…中国では紀元前一五世紀、殷の時代にすでに蚕を飼っていたという。蚕は桑の葉を食って成長する。卵からかえったときは黒くて毛があるが第一回目の脱皮で毛が抜けて灰色になる。何回か脱皮をしながら成長し、糸を吐いて繭を作る。繭からは絹糸をつくる。

訓読みの「かいこ」は古くは「蚕＝こ」と呼ばれていて、人が飼うようになったので、飼い蚕（かいこ）ということになったところからきたと言われています。

また、神話には、神様が蚕を生んだので、「神蚕（カミコ）」と呼ばれ、それから「カイコ」

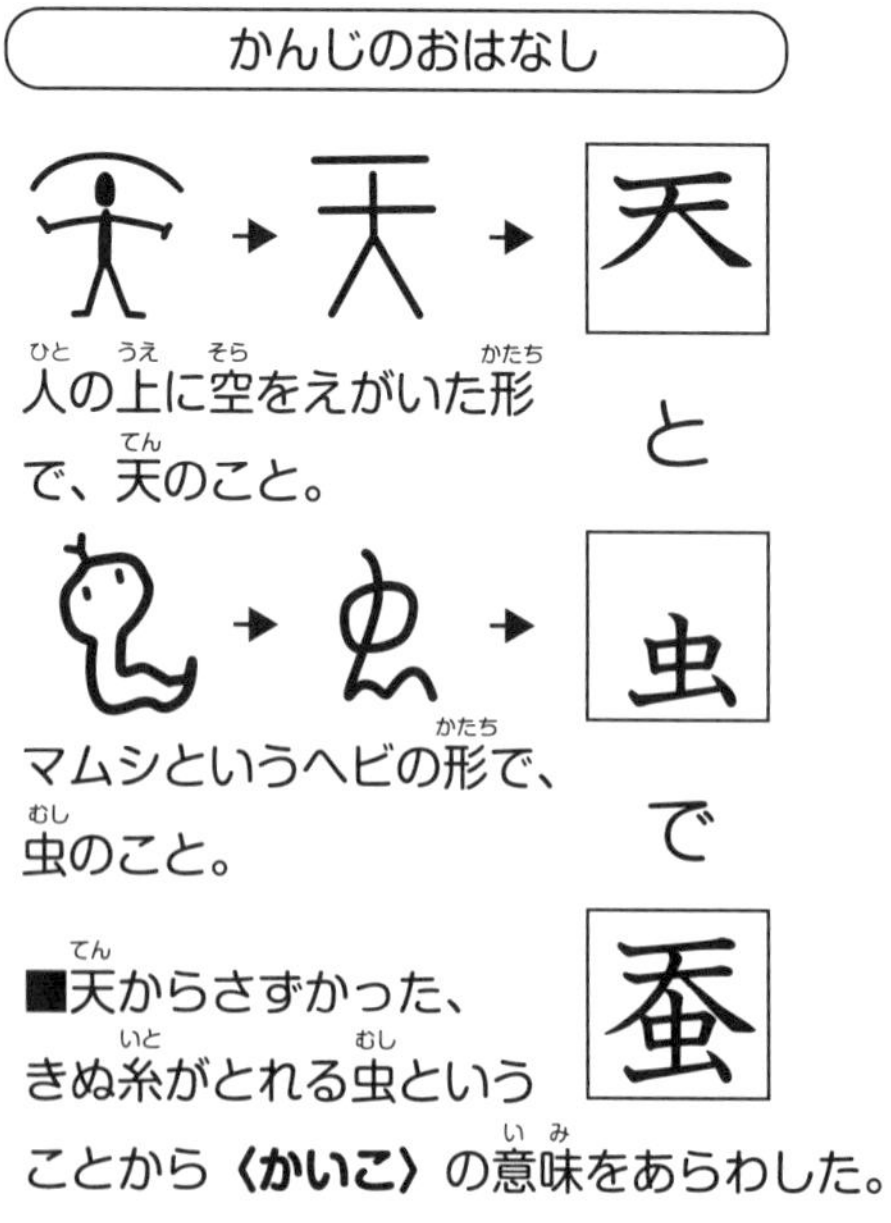

図4

というようになったという話もあります。このほかにもカイコの名前の由来はいくつもありそうです。

第二章

第三章　漢字を唱えて覚える口唱法とは

（1）子どもの遊びの風景とその心理

雨の日の教室での風景

「いちの大は、なあんだ？」――「天！」

「二人と書いたら、なあんだ？」――「それも天！」

「ちがうよ。夫だよ」


こんな、なぞなぞ遊びをしている子どもたちがいました。

解答者側に回った子どもは「なあんだ？」といわれた漢字を頭の中で思い出し、組み立て、そして、正解を導き出すという思考をしなければなりません。

「じゃ、てんいち　ソいちは　なあんだ？」――「立」。

「じゃあ、てんいち　ソいちに　日は　なあんだ？」――「音」。

「あったり～！　じゃ、てんいち　ソいちで　日に心は　なんだ？」――「…？」。

「てんいち　ソいちで　日に心」――おわかりですね。

第三章

こうして次から次へと遊びは続きます。ノートがなくても、筆記具や道具がなくても遊べるのです。自分が出した問題に相手が答えられないと優越感を感じます。下級生に出題しても、あるいは兄弟や父母など家族の方々に当てさせるのも楽しいものです。こうして、子どもは自分が習い覚えた漢字を思い浮かべながら、その中から「問い」を作っていきます。その代わり、相手がわからなかったときには自分が書いて教えなければなりません。

ところが、それが苦にならないどころか、自慢げに書いて教えているのです。これが、本人は気づかないのですが、実は自分自身の反復練習になっているのです。なのに、その子は自分が書き取り練習をしているとは思っていません。一人では反復練習もしないような、勉強の苦手な子どもが友達の頭を使って勉強をしているのです。ある心理学者は「勉強は他人の頭を使ってやれ」とすすめています。その実践です。

「つゆ」ってどう書くの

六月、梅雨の時期のある日のことでした。この学校はお昼休み、給食のあとの時間を使って、学校中の掃除を分担してグループごとに行うことになっていました。その昼休みの掃除の時間に、こんな問答をしている子たちがいました。

「きょう、先生が六月は〈つゆ〉の時期だっていう話をしたよね。〈つゆ〉ってどう書く?」

「全校朝会で、校長先生が梅の実ができるころだから〈梅〉の〈雨〉って書いて〈梅雨〉っていうんだって、いってたじゃないか」

「うん。でもね、ぼく、図書室で調べてきたんだけど、大発見したんだ」

「何のこと?」

「あのね、ぎょうにんべん　山　一　黒で　のぶん書く」

「なんだ?　それ!」

「今朝、先生は〈つゆ〉って〈梅の雨〉って言ったじゃない。でも、図書館で辞書見たら〈黴雨〉って書き方もあるんだって、〈黴〉って、カビのことなんだってさ。〈つゆのころ〉って、じめじめしてカビの生える時期だから〈カビ〉の〈雨〉とも書くんだってさ」

「〈ぎょうにんべん　山　一　黒……〉が〈カビ〉っていう字なの?」

「そう、〈ぎょうにんべん　山　一　黒で　のぶん書く〉だよ」

二人は、言いながら指で書いていました。

「これがカビという字なの?　ちっとも難しい字じゃないね」

黴

ふたりは楽しそうに〈ぎょうにんべん　山　一　黒で　のぶん書く〉〈ぎょうにんべん　山　一　黒で　のぶん書く〉と言いながら、ほうきを振り回して掃除を続けていました。

先ほど、ある心理学者は「他人の頭を使って勉強しろ」といっているといいましたが、その心理学の実践がこれなのですね。記憶というのは、あるときにあった事柄を、心の中にメモ（記銘・保持）し、それを思い出す（再生）という働きです。このことをもう少し学問的にいうと「過去に起こった経験をそのとき限りに終わらせずに、現在それを他の経験から区別して確認し、また、再現する心の働きである」と、心理学ではこう説明しています。この「心の働き」の決定的な要因が「興味」であり、興味のあることに意識を集中するのは比較的容易なのです。

（2）漢字を楽しく学ばせるには口唱法がよい

想像力を借りて興味を作り出す

では、興味のわかない勉強に興味を持たせ、記憶させるにはどうしたらよいのでしょうか。まずは本人自身がどうやって覚えようか、どうやって勉強しようかと考えることは大事ですが、子どもですから、なかなかそこまでいかないのです。だったら、わたしたち大人がそうした子どもに仕向けてやるのがよいでしょう。一言でいえば、子どもが興味を作り出すように仕向ければよいのです。

想像力を借りて興味を作り出す。それが先の「漢字のなぞなぞ」で、相手をへこます遊びだったのです。これが本書でいうところの口唱法なるものに通じるのです。

口唱法というのはその漢字を書き順どおりに口で唱えながら書いていく方法です。

たとえば「遠」を「どろいく　しんにょう」（土ロイくしんにょう）。「通る」を「まように、しんにょう」（マ用に辶）などと、道に迷うことそれ自体と、歩くことを表す意符の「辶」とで、興味のある愉快な連想をさせるわけです。奇抜な連想や、しゃれた連想を働かせれば、覚えた知識は忘れにくいものです。

もちろん、文字の記憶には、書くという行為も大事です。書くことで、手首、腕、肘などを動かし、いわゆる「手が覚える」という状態を作ることになります。また、書くことには「意識を集中する」という効果もあります。つまり、「見る、声に出す、書く」の三つを同時に行えば、ただ見るよりも、三倍、四倍も効果があることになります。

口唱法というのは、深く心に刻み付けて忘れないようにするために、ことばのリズムによって頭と口と手に覚えさせるというやり方をとらせるのです。それには数字よりも普通の文章のほうが覚えやすく、普通の文章よりもリズムやしるしを持つ文字や語句のほうが覚えやすいのです。

たとえば電話を覚えるのに「カステラ一番、電話は二番、三時のおやつは〇〇〇」とか「伊東に行くなら〇〇〇、電話はよい風呂（四一二六）」など、テレビのコマーシャルでよくやっていました。ご存知でしょうか。あんな調子です。

わたしが子どもだったころの経験からいっても実感していることですから、自信をもってすすめるわけですが、小学生のころには、モールス信号を覚えさせられました。その覚え方が「イ」はイトー（・―）、「ロ」はロジョーホコー（・―・―）、「ハ」はハーモニカ（―・・・）、こうして覚えたものはいまだに忘れません。縦、横、斜めに数字を並べる魔方陣、あれだって「憎し（二九四）と思う、七五三、六一八は一五なりけり」と覚えたものです。そればかりか、子どものころは手旗信号までも覚えさせられました。歴代の天皇名にしてもしかり。こうしたものがいまだに忘れずに、体に定着しているのです。

このように、記憶のもとはすべて連想だといってよいのです。新しい事実と、心の中にすでに存在するものとの間に関係をつけ、結びつければ結びつけるほど、新しい事実はよく記憶できるようになります。もちろん、連想は自然なもの、または論理的なもののほうがよいに決まっていますが、わたしたちの生活の中には、過去に覚えた事実となんにも論理的な連想のつかないことであっても、記憶しなければならないことがたくさんあります。そうしたとき、このような事実をしっかり記憶の中に結びつけるには、人工的な連想を作り出すようにするのです。

口唱法の効果はバカにならない

この口唱法による唱え方は、バカげたことのように思われますが、決してそうではないのです。【唱え方の約束】に従って、それが生き生きと際立っていて調子がよく、面白いものであるならば、記憶を助けるという目的には必ず叶うものです。

だからこそ、従来の漢字指導で効果の少なかった子どもたちが、この口唱法によって生き生きと自ら進んで取り組むのです。子どもは勉強をしているのではなく、漢字遊びをしているのだと思っているようですが、それが、知ってか知らずか、負担だとも感じることなく知的遊びのようなつもりで、漢字学習をしているのです。

六年生の女の子たちはたむろして話し合っていました。

第三章

恋愛って、おもしろいね――。

わたしは驚きました。よくよく耳をそばだててこの子たちのおしゃべりを聞くと恋愛がおもしろいのではなくて、「恋愛」という漢字がおもしろいのだそうです。胸をなでおろしました。「恋愛」の「恋」の心は下心があっていけないけど、「愛」はまん中に心があるから「純愛なの」だそうです。なるほど、この二文字の熟語をよく見てみると確かに「心」のついている位置はその通り。このおしゃべりに加わっていたあの子たちは、こうして「恋愛」という漢字を覚えてしまいました。もう一生忘れることはないでしょう。

この話を書きながら、わたしたちが子どもだったころの昔の字（旧漢字）を思い出してしまいました。旧漢字の「恋」は「いとし　いとしと　言う心」と覚えたものです。「恋」はその昔「戀」だったのです。だから、「糸し　糸しと　言う心」なのです。「下ごころ」を持った「恋」と昔の「戀」とは同じコイでもずいぶん違うものでしたね。

そうしてまた、六〇何才かになる見知らぬ読者の方はわたしにお葉書をくれました。昔は医者の「医」を「醫」と書き、子どものころ「一矢をひっかけ　るまた（殳）に　酒だる（酉）」と覚えたものだと。こうした覚え方を何十年たっても忘れず、覚えているのですね。

(3)「指導」ということの間違い

毎日の授業での積み重ね

ひとつの漢字を「何字ずつ書いてきなさい」と宿題を出された子どもが、最初に「へん」だけをいくつも書き、次に「つくり」だけを書き足すということをしていたといいます。多くの人が、子どものころ、こんなことをやった経験があるかもしれません。

初めに「へん」部分だけを書き連ね、後から「つくり」部分をくっつけていく――こんな子どもの、こうした非学習的な態度はどこから来るものでしょうか。それは子どもも悪いでしょうが、本来、教師の指導のもとで行うべき授業のありかたを宿題などにしてやらせる教師が悪いのだと思うのです。教師が自分の授業に対して、子どものために、監督・確認・強化・修正などの指導計画と、その習った漢字を覚えるための練習時間を確保しない指導計画のまずさからくるものでしょう。もっと強いことばでいうならば、教師の責任の無さ、指導力不足の表れです。

と同時に、子ども側にもその責を求めるならば、文字というものを主体的に学ぼうとか、覚えようとか、生活の中で生きて働く道具として活用しようとか、上手にきちんと書けるようになりたい、美しく書けるように練習したい、さらには漢字が自由に使いこなせるようになりたい、といったような、いわゆる文字による生活、読む・書くといった文字を媒体とした言語活動を向上させるために必要なのだという学習意欲が少ないのです。

言い方を変えると、子どもたちの文字学習そのものが成立していないのです。

意欲を持たせることや学習態度の変革は毎日の授業のなかで教師が育て上げていかなければならないことなのです。それが絶え間なく続いていく「不断の授業」の態度であり、指導といわれるものなのです。

ともあれ、文字学習そのものが成立していないということは、裏を返せば、教師の指導が成立していないということでもあるわけです。

間違った思い込みをしていないか

画数の多い字は、概して四年、五年、六年で習う字として配当されています。高学年になると、漢字のなかでも象形文字や指事文字といわれるものは少なく、「会意」「形声」といった作字法による漢字が多くなります。概して画数も多い字になっていきます。

会意文字というのは複数の漢字を組み合わせて作られ、そのいずれからも意義（意味）をとって構成される漢字。「林」ならば（木のたくさん生えているところ）という意味とか、「炎」（ぼうぼうと燃え盛っている火）のような文字のことですし、こうした同じ字の繰り返しと見られる字体を持つ漢字は、会意文字である可能性が高いようです。「北」「森」「轟」などもそうです。

そして、複数の漢字の組み合わせで作られ、その一つから読みをとって構成されるのが形声文字といわれる漢字です。その漢字の中の、ある部分の音が全体の音に通じるかどうかという点で見分けるのが一般的な方法ということになります。

たとえば「江」や「河」という字、左側の「氵（さんずい）」部分が「江」や「河」という水に関係のあることばとしての意味部分を表し、右側の「工」「可」がこれらの字の「音」（読み方・名まえ）を表しています。こうした字はどうしても総画数が多くなりがちですが、実は漢字の八〇～九〇パーセントはこうした形声の作り方をした字だといわれています。漢字が象形文字や指事文字をもとにして、それらを組み合わせて増えていった事情があるからです。だから、画数も多くなりがちなのです。

そうして、人々は一般に「画数の多い字は書きにくい」とか「覚えにくい」と思っているようです。よく言われているのは「画数の多い字は書けない字」、「画数の多い字は難しい字」だという思い込みです。

「轟」は教育漢字でもありませんし、画数も二一画ですが難しい字ですか？　車が上下三つですが…。わたしの知っているある先生方や子どもたちは、画数の多い字の練習になると喜びます。子どもたちは画数の多い字は易しい字だといいますし、その子どもたちを教えている先生は、画数の多い字は教えやすい字だといいます。

それはどういうことなのでしょうか。そのわけがわかると不思議でも何でもないのです。この子たちやその教師は、いままで述べてきたような学校方式というか、明治以来、学校教育の中で行ってきた教え方・習い方をしていないからです。言い方を変えると、そうした学習方法をこの教師たちはとっていないからです。

あのような一斉指導や、いわゆる画一的な教え方や画一的な学習法をしていないからです。これらの先生方は、もちろん、魔法使いでも手品師でもありません。学校の教え方とちがう教え方をし、学び方をさせているだけなのです。

（4）学習の成立とは

親も子も本気で関わる

学校と違うやり方、それはどんな方法なのでしょうか。その考え方は、赤ん坊の育ち方と同じです。生まれて一歳になるか、ならないかの子を持つお母さんの子育てと同じです。その育て方を思い出していただきましょう。母親ならだれでもできることです。そして、すでにやってきたことです。それがヒントになります。

生まれて一年も経たないような赤ん坊は、歩くことはおろか、立つことすらできません。それが一年も経たないうちに一人歩きができるようになります。なぜでしょうか。それは、この赤ん坊の歩けるようになりたいという本能が意識・意欲にまで高まり「学習として成立した」からです。

歩くことを学ばせようとするお母さんは、我が子を寝かせっぱなし、放りっぱなしにしておくでしょうか。そうではありません。早く自力で歩けるようになってもらいたい、この子に機が熟したら歩くことを学ばせたいと強く意識します。こんな難しいことばは使いませんが、我が子に歩くことを「学習として成立させよう」とします。

行動が学習として成立した子ども、すなわち、歩けるようになった子どもは、一日中寝かされて、ほったらかしにさせられていたでしょうか。そうではありません。初めは「アンヨがじょうず！」と手を持ってもらい、「じょうず、じょうず」と手を叩いて褒めてもらい、赤ん坊自身も母親の期待を一身に集めて、歩こうと努力します。足を一歩前に出そうとして親子協同で何度も何度も歩く練習をし、失敗し、やり直しをして努力を重ねるのです。

そうして親は我がことのように、進歩の出てきた我が子を本気で褒め、赤ん坊は認められてうれしくなり…、といった、そうしたかなりの充実した練習時間を互いに経験しあって、ついに歩けるようになるのです。赤ん坊に「歩く」という行動が身についていくのです。

赤ん坊はそうした練習の日々を重ね、親の手を借りなくとも、なんの抵抗も感じないで自力で立てるようになります。右足、左足と交互に出しては尻餅をつき、また立ちあがって交互に足を出す…こうした訓練を重ねて徐々に歩けるようになっていくのです。こうして、初めて「歩く」という学習が成立するのです。

このように、親子ともども学習の成果が発揮され、そうしてよちよちではあろうとも、歩けるようになった我が子に一升餅を背負わせて、一家でその子の成長を祝うのです。

わたしたちの行動はすべて学習として成立しうるものです。しかし、それには条件があって、それは「自分が成す」ことによって、「成したことによって」そうなるのです。自分がやらなければ何も成立はしません。

成して初めて成立する

子どもが時計の読み方を覚えるのも、文字学習も同じです。時計の読み方は長針と短針のそれぞれの進み方や長針と短針との動き方の違いがわかることから、時・分・秒の数え方、何分前・何分過ぎなどという言い方など…いろいろな時計にまつわる学習を重ねて、その結果、ぱっと見ただけでも「今、何時何分だ」と読めるようになるのです。こうして時計の読み方が徐々に学習として成立していくのです。一朝一夕にできることではないのです。掛け算九九を覚えるのも同じことです。繰り返しの努力によるのです。

学校では、教師が一生懸命、親の気持ちになって指導し、子どもは自分が主体性を持って、学習していかなければならないのです。そうすることによって、それは、その子の「成した努力に応じて成立する」のです。教師はその子どもの学習を援助し、助長していく役割を果たさなければならないのです。そうした援助をしながら、主体性のある子どもに育てていくのです。子どもばかりでなく、教師も教師として、教師らしく、それなりに成さなければ何も成立はしないのです。

You hear and you forget.（聞いて　忘れ）

You see and remember.（見て　おぼえ）

You do and you understand.（そして成すことによって、理解する）

これは西洋のことわざだとも、中国の春秋時代に生きた孔子（紀元前五五二年〜四七九年）のことばとも、また荀子（戦国末期、紀元前二九八年ころ〜二三八年ころ）のことばだとも言われ、諸説がありますが、だれの説かはともかくとして、まさにその通りだと思います。

あなたの家庭での文字環境はそういう方向を向いているでしょうか。あなたの子どもの担任の先生はどうでしょうか。漢字の書き順練習を宿題にしていないでしょうか。先生自身の目の前で行わせているでしょうか。「あとは勝手に家でやってきなさい」「勉強してきなさい」などといっていないでしょうか。子どもの間違いに気づいたら即座に訂正し指摘してやれるような場や時間や環境を作って練習をやらせるように実践しているでしょうか。先の例のように、いやいやながら家でやらされる学習で、学習の成立が期待できるはずがありません。

ましてや宿題を忘れたとか、友達をいじめたとか、何かの罰として漢字の書き取りを宿題に出すなどということで、漢字指導の効果が上がるはずがありません。子どもが興味を示し、関心を持ち、意欲的に取り組む主体的な学習にならなければならないのです。

あなたの場合、国語辞典や漢字辞典が一家だんらんの場ですぐ取り出せるように置いてあるでしょうか。だれでもすぐに取り出してページを繰ってみることができるような環境になっているでしょうか。そしてまた、常にテレビを見ていたときでも、話し合っていたときでも、「そのことばは――」とか「その意味は――」などと話題にできるような雰囲気ができているでしょうか。

もう一つ揃えておきたいものがあります。それはメモ用紙と筆記具です。座っているすぐ近く、手が届いて、動かずに取れるところにメモ用紙と筆記具が置いてあるとベストです。メモ用紙の活用範囲は広くなるはずです。

（5）どんな練習の仕方になるか

口唱法導入のための運筆授業サンプル

これは、下村式の書き方指導の導入に行う特別なもので一年生の漢字の授業です。基礎の基礎という大事な内容になりますが、文字の勉強に、音楽で使うタンバリンが初めて登場するなど、子どもにとってはびっくりで、面白い授業になります。ためしてみてください。

先生「きょうからいろいろな文字の書き方の勉強をしますが、先生の教え方はちょっと変わっています。こんなものを使います」

隠していたタンバリンをとり出します。

先生「何というものか、知っていますか？」
児童「タンバリン？」
先生「そう、音楽の時間に使うタンバリンという楽器です。先生はこれで、みんなに字を教えることができます」
児童「えーっ？」
先生「では、やってみましょうね」

【かに　さん　ある　いた　じょう　ずに　よこ　ぼう】と、横棒の唱え方を図１のように板書します。

先生「♪かに　さん　ある　いた　じょう　ずに　よこ　ぼう」

図１

かに
さん
ある
いた
じょう
ずに
よこ
ぼう

図2

かに　一
さん　一
ある　一
いた　一
じょう　一
ずに　一
よこ　一
ぼう　一

図3

きた
かぜ
ぴゅう
ぴゅう
なな
めに
ぴゅう

二、三回ゆっくりとみんなで、となえさせます。次に、始筆と終筆をきちんと押さえることを説明します。

先生「はい、鉛筆を持って。ノートに一緒に書いてみましょう」

児童「♪かに　さん　ある　いた　じょう　ずに　よこ　ぼう」

唱えながら、横棒を書かせます。

先生「できたかな、じゃあ、次はこんなのです」

左払いの唱え方を板書します。（図3）

先生「♪きた　かぜ　ぴゅうぴゅう　ななめに　ぴゅう」

図4

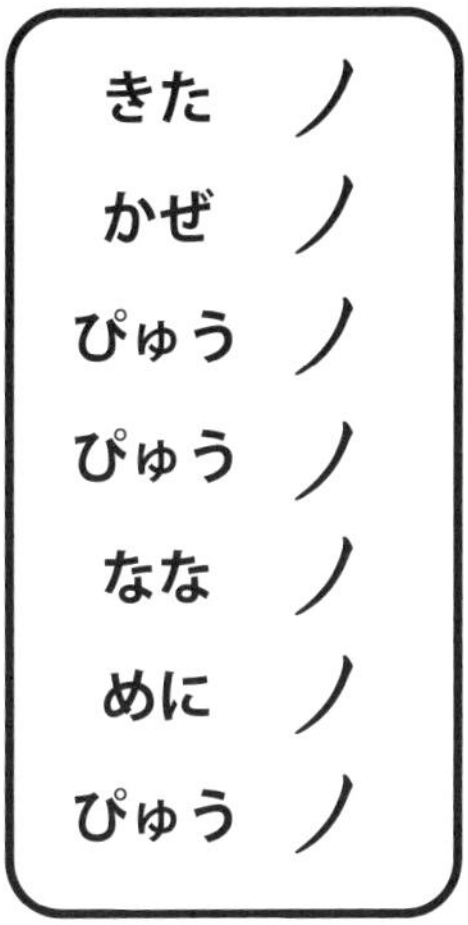
きた
かぜ
ぴゅう
ぴゅう
なな
めに
ぴゅう

図5

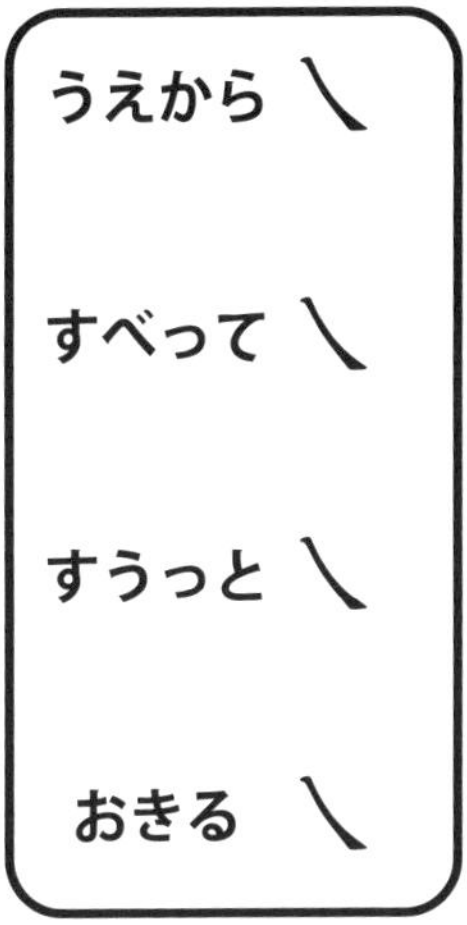
うえから
すべって
すうっと
おきる

タンバリンを叩いて唱えながら、左払いを文字の横に板書します。（図4）

先生「では、みんないっしょにやるよ。鉛筆を持って」

「♪きたかぜ　ぴゅうぴゅう　ななめに　ぴゅう」

ゆっくりと、タンバリンを叩きながら唱えて何度か左払いを練習させます。すうっと払うのがポイントです。

先生「これを左払いといいます。じゃあ最後にもうひとつやるよ。こんなのですよ…」

「♪うえから　すべって　すうっと　おきる」

同じ要領で、唱え方の横に、右払いを板書してみせたのち、唱えて練習させます。

図６　大の唱えかた

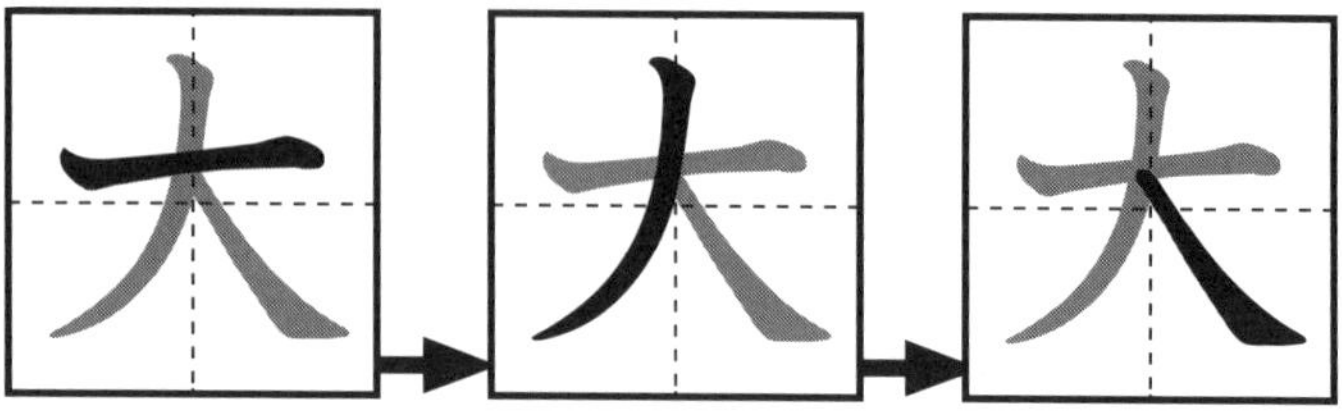

右払いは、「すうっとおきる」というところで、すべり台で滑り終え、着地の際に立ち上がる動作をイメージさせて、右払いの要領を学習させます。将来覚える「木」などの筆遣いにも関連しています。（図５）

何回か、右払いを練習したところで…。

先生「じゃあ。今日覚えた方法で漢字を書いてみましょう。今度は唱え方が違うよ。大きいという字を書いてみましょう」

「♪よこぼうで　左にはらって　右ばらい」

タンバリンを叩いて、唱えながら「大」を板書する。

図６を見てください。なんどかみんなで唱えます。

先生「では、みんなで書きましょう。鉛筆を持って」

「♪よこぼうで　左にはらって　右ばらい」

「はい、大きいという字がかけました！」

あわせて以下のような書き方のポイントを説明します。

❶横棒は、終筆をきちんと止める。

❷「左に払って」は、始筆からいきなり左払いさせないで横棒を通過してから、徐々に払うようにする。

私の教室では、ひらがなの指導から、下村式の口唱法で文字指導を行っていましたので、とめ、はね、はらいなどの運筆についてはすでに、子ども達が慣れていましたが、漢字の学習に入ってから口唱法を取り入れる場合は、ここで解説したように、最初に一画ずつを丁寧に教えることも重要です。以下に他の点画についての唱え方をあげておきますので、これを参考に、漢字を学習しながら書き方の指導もしてください。

たてぼう

丨 あめ

丨 あめ

丨 ふれ

丨 ふれ

丨 ざあ

丨 ざあ

丨 たて

丨 ぼう

よこはね

㇖ ほうきで しゅっ

㇖ はいたら しゅっ

㇖ きれいに しゅっ

㇖ おそうじ しゅっ

たてはね

亅 ボールが しゅっ

亅 はねたよ しゅっ

亅 どこだろ しゅっ

亅 あっちだ しゅっ

たてまげはね

し おさかな つろう

し たてまげ はねる

し おおきな つりばり

し たてまげ はねる

口唱法では、唱え終わったときに、その一画、あるいは一字が書き終わるようになっていますので、**ゆっくり唱えれば、ゆっくり手が動くという利点があります。**必ず唱えながら書かせましょう。ゆっくり唱えると、大きく、はっきり書くことができますし、**速く唱えれば、手の動きが速くなります。子どもの習熟の進度によって、唱える速さを変えましょう。**

また、唱え方は、リズミカルに楽しく行ってください。遊びのような感覚で練習が出来るので、子ども達は文字の学習を楽しんで行うことができます。

タンバリンを活用して筆順指導

今度は、家庭や教室でもできる口唱法の授業での使い方について一例を披露してみましょう。とはいっても、口唱法の全容も説明していませんから、戸惑うかもしれませんが、「口唱法とは」(その原理)などについては別の項で詳細を述べますので不明な部分が出てきましたら、そちらも参照してください。

ともかく、この口唱法という唱えて書く方法で入門期(幼稚園や一年生初期)にきちんと学び方を習慣づけておくと、中・高学年になってからほとんど抵抗なく、各自で口唱法が扱えるようになります。

これも一年生の場合ですが、一年生の配当漢字は画数も少なく、簡単なものが多いので、大人にとっては面白みもあまりないかもしれませんが、まあ、どんな授業になりそうなのかといった程度のことは想像していただけるでしょう。

「貝」という字の指導場面だと仮定しましょう。

教師はタンバリン(カスタネットでもよし)を用意します。わたしはふだん教卓の横にL字型のかぎ釘をつけて、タンバリンをその釘にかけておきました。タンバリンやカスタネットは音楽だけで使うものではありません。口唱法での文字指導に大いに活躍させてください。

右手書きの先生ならタンバリンを左手に持ち、チョークが右手です。そしてタンバリンは左ももに打ち当てて叩きます。そうすると自由に黒板に文字が書けます。書きながら叩いて音が出せますし、書いて説明しながら指導ができます。（P72 前項を参照ください）

大きく黒板に「貝」と書きます。ここでの授業は「書き」練習ですから、すでにこの字を「かい」と読むことをはじめ、貝には巻貝や二枚貝など、日常目にしているいろいろな貝があることは共通理解している段階です。そのうえで、口唱法での授業に必要な字形の認知（「貝」の字形は「その他型」）であり、始筆が「丨一ノ丶」の四種のうちの「丨」（縦棒）から始まる字だということについても共通理解ができているものとします。さらに既習漢字の「口」「日」「目」などは自由に間違いなく書けるようになっている段階だとして授業を進めることにします。と、いうことで、「貝」の字の読み方は訓読みの「かい」だけしかないことを覚えましたから、この文字の書き学習「文字の唱え方」に入ります。

「貝」の唱えかたは「たて　かぎ　よこ　よこ　そことじ　ちょん　ちょん」です。

教師は黒板に大きく書いた「貝」の文字を示して（これは教室での指導ですから、ご家庭で

第三章

はアレンジしてください)

「みんなでいっしょに唱えてみましょう、さんっ、はい!」と、唱え方を指示棒で指しながらタンバリンを叩きます。

「はい、そうですね、では一の列の子だけで唱えましょう、さんっ、はい!」といってタンバリンを叩いてやります。

「たて　かぎ　よこ　よこ　そことじ　ちょん　ちょん」

これで「あっ、〈目〉の書き方とおんなじだ、などと、口日目などの既習漢字を思い出しながら言い合うでしょう。互いに言い合いながら確認させるといいでしょう。ついでに、できたら、それらの字と貝とはどこが違うか、ということまで認識させると上等。ひとしきり、話し合ったら…。

「はい、じゃあ、お勉強に戻ろうね」(といって、注意を集中させて)

「はい、じゃあ、一の列は済んだから、今度は二の列の子だけで唱えましょう」

「おまちどうさま、今度は三の列の子だけで唱えましょう」

「今度は目を閉じて、みんなで唱えましょう」

「靴下をはいている子だけで唱えましょう」

「スカートの子だけで言いましょう」

「朝ごはんがパンだった子だけで言いましょう」

「はい、じゃあ、今度はみんな立って、アゴで書きましょう」

「もう一度、鼻で書きましょう」

「唱えながら、お尻で書きましょう」

「では、運動場のほうを向いて唱えましょう」

こういうふうに、手を変え、品を変えて唱えさせます。そのとき、必ず黒板に書いた「唱える文字」を確認させながら唱えさせます。タンバリンで調子をとってやります。

これだけで何度「貝」の書き順を唱えさせたでしょうか。知らない間に十回くらいは唱えているでしょう。

「はい、では　座ってください」

「今度は先生が書いてみます。みんなで唱えてください」

こういって、子どもたちに唱えさせながら、（と同時に教師も唱えながら）タンバリンを叩きながら黒板に大きく「貝」を書きます。その時の教師の音声は「たて　かぎ　よこ　よこ　そことじ…」までは同じ調子です。そうして、ここで一拍おいて少し声の力を強めに「ちょおんちょん」をいいます。タンバリンの叩き方でも手の打ち方でも同じです。

次に、今書いた字を使ってその字のバランスの注意するところや、概形の説明をしたり、力を入れるところ、緩めるところ、繋げるところ、ゆっくり書くところ、リズムよく書くところの筆勢を教えたり…そうした説明をします。

ここが大事です。ここは書写指導の中心的指導の場面です。子どもたちに発見させながら、注意して書くところを意識させるのもよいでしょう。

唱え方を覚えた子どもはすぐ、書きたがります。でも、書かせません。

「もう一度、先生が書いてみますから、みんなでタンバリンに合わせて大きな声で唱えてください」

そう言って「さんっ、はい！」とタンバリンを打ち、唱えさせます。そして子どもの合唱に合わせて黒板に大きくしっかりとした字を書いてみせます。

「どう？　先生の書いた字は、今の約束（説明）通り、上手に書けているかな？」

すると「いいなあ先生、自分だけ書いて…」と、目をキラキラさせながら言い出す子どもも出てきます。

「どう？　みんな、書けそうかな」

「じゃ、書いてみようか。いっしょに唱えながら書くのよ…」と、いっておいて、

「ちょっと、待って！　黒板の字を消すよ。消しても見ないで書けるかな」

「じゃ、消すからね、先生の黒板消しに合わせて、唱えながら消していこう」

「たて　かぎ　よこ　よこ　よこ　そことじ　ちょ〜ん　ちょん」

「さあ、黒板、全部消えてしまったよ。大丈夫かな」

「念のために、もう一回みんなで言ってみようよ」

こういって、教師は腕を大きく振って、空書しながらタンバリンを打ちます。

子どもの頭の中には黒板の「貝」が残像として残っていますから、消えた黒板をにらみながら、みんなが一生懸命に唱えます。この時点でしっかりと「貝」の字形と筆順が頭の中にできあがるのです。こうして、子どもの頭の中には書き順の唱え方と字形がきちんと意識されます。ここでは黒板のお手本が残像として頭の中に残るよう意識させてください。

鉛筆を持ってノートに書かせよう

ここまで何回書き順を唱えさせたでしょうか。唱えながら子どもの頭の中にはその字の形と唱えかた（書き順）が沁みこんでいます。そうしたことをさせないで、ただ書かせると子どもは黒板の字を見ながら、一点書いては首をあげて黒板を見、一画書いては黒板を見るといったように、首の上下運動をしながらノートに書きますので、字形に対する意識や点画の強弱などの注意もできず、リズムもメリハリもない字を書くことになります。そうしたことを確実に防げるのが口唱法なのです。

そうしたあとで、タンバリンの音に合わせて、ゆっくりと唱えながらもう一度ノートに書かせます。この方法だとひとクラスの人数が一〇人でも、二〇人でも、一斉に始めて一斉に書き終わりますから、次のステップに進みやすくなります。

二回くらい書かせたら、いったん止めて、字形や接筆など、先に説明した注意点などを確認するとよいでしょう。

「ハイ、今度は鉛筆を置いて、先生の方を見てください」

（ここでは「貝」の場合ですから）「自分の書いた字の形の、二本の縦棒が平行になっているかな」

「三本の横棒の間が同じ間隔になって、そろっているかな」

「〈ちょおん　ちょん〉のところは、左から右へ、かる〜くまたいで、つながるように書けているかな」

「そして、〈ちょおん　ちょん〉が〈目〉の字を（部分を）きちんと支えるように書けているかな」

など、その文字ごとのポイントや注意点を指摘していってやると、子どもたちは一つ一つ確認をします。

「ちょっと、ここがまずかったな」などと言いながら、自己修正をする子も出てきます。

「じゃ、今のところを注意しながら、もう一度書いてみようよ」

こういって、またタンバリンを叩きながらゆっくり唱えてやります。

「たて　かぎ　よこ　よこ　そことじ　ちょ〜ん　ちょん」

「たて　かぎ　よこ　よこ　そことじ　ちょ〜ん　ちょん」


子どもたちは、「今度はうまくいった」とか、「失敗、失敗」などと口々に言い合いながら書いていきます。こうして自己評価をしながら、あるいは隣の児童に見てもらって相互評価をしながら、数回書く練習です。この指導にはタブレットやプロジェクタなどが便利です。

それとなく、発展学習の示唆を

「貝」の学習の前には、すでに「口」「日」「目」などの学習がすんでいますから、「貝」はこれらの応用学習のようなものです。たいして難しいことはないと思います。そこで次に、発展授業に入ります。

「〈ちょ～ん　ちょん〉のところね、これ、片仮名で同じ形の字があるんだけど、誰か知っている人、いますか」と問いかけてやります。知っている子どもがいたら、その子に何という字かこたえさせます。知っている人がいなければ教師が教えてやればよいわけです。

「これはカタカナの〈ハ〉という字と同じです」

「〈貝〉の唱え方の進化系の唱え方、誰かできないかな」

次に、こう、問いを投げかけてやります。子どもたちは互いに既習の知識を駆使して考え合います。「貝」は既習の「目」＋片仮名の「ハ」だと意識させたいわけです。必ずこうした投げかけをしてやると「〈目〉の下に〈ハ〉」とか「目とハ」とか「目　ハ」でもいいんだ、などと発見します。これがいいのです。

「たて　かぎ　よこ　よこ　底とじ　ハ」とか、「たて　かぎ　よこ　よこ　よこ　ちょんちょん」などと、いろいろな唱え方が出てきます。

（ここまで来たら、あとは）

「〈貝〉と親せきの字が二〇個くらいはあるよ」といって、今学習した貝の発展学習を促しておいてやります。

家や図書館で探すような発展学習ができることをヒント的に話しておくわけです。そうすると教育漢字のなかから、「員、負、買、責、費、貴、賞、賛、賀、貿、貨、貸、賃、資、質、貧、貯、財」などの字を見つけ出して、「こんな字もあった、こんなのもあったよ」とよろこぶでしょう。翌日の学習の導入として使えます。宿題でもないのに、いろいろ調べてきている子どもが多くいるはずです。それればかりか、「この字はこんなとき使うんだってよ」などと、用例まで調べるようにもなります。漢字や熟語調べが楽しくなる基をこうして作っておいてやるとよいと思います。「いくつずつ調べてくるように…」などといった指示は絶対にしないことです。

こうした学習の積み重ねが子どもたちの習慣形成に大きく役立ちます。辞書学習にも自然に興味を示し、取り組むようになります。

第三章

第四章　口唱法はどのようにできているか

（1）学校での漢字の教え方＝これでよいのか

一般的な教え方

ここまで述べてきた口唱法がどのようにしてできてきたかを説明しておきましょう。

まず、学校では漢字をどう教えているか、というところから話しを始めたいと思います。小学校の学年別学習漢字の数は、現在は一〇〇六字です。

この一〇〇六字は、小学校では「原則としてそれぞれの学年のうちに指導すること」となっていますから、例えば三年生は学年が終わるまでに、四四〇字を読み書き、文の中で使えるようにならなければならないわけです。それは大変だと思うでしょうが、必要に応じて一年前後の学年で指導してもよい、またそれ以外の漢字も必要に応じて使ってもよい。「その場合には振り仮名をつけるなどして学習負担が過重にならないよう配慮すること」となっていて、強制ではありません。

中学校段階になると、一年生で小学校の漢字（一〇〇六字）に加え、その他の常用漢字を三〇〇字～四〇〇字は読み、九〇〇字くらいは書き、文や文章の中で使うこと。

二年生では一年で学習した常用漢字に加え、さらに三五〇字から四〇〇字くらいを読むこと。そして学年別漢字配当表の漢字を書き、文や文章の中で使うこと。

三年生になると、常用漢字（二一三六字）を読み、学年別配当表にある漢字について文や文章の中で使い慣れること、となっています。「使い慣れる」というのは、読むことも、書くことも、意味も正しく理解することをいいます。使うべきところではきちんと使えるようになることを指しているわけです。

こうした決まりのなかで、小学校の先生はどのような漢字指導をしているのでしょうか。教え方は教師によっていろいろですが、一般的には、およそ次のようなやり方をします。

（1）先生が黒板に書いて見せる。

この場合は、児童は黙って先生の書き方を見ているだけでよい。

（2）先生は黒板に、児童は手を挙げて空書する。

ノートに書くのではなく先生の手の動く通りに空中で手を動かす。

（3）間違えそうなところに力を入れて指導する。

児童が特に間違えそうなところ、たとえば「左」と「右」の画の違いなどを取り上げて、意識づけるように指導する。これを「取り立て指導」といいます。

第四章

（4）文の中のことばとして書かせる。
「山」という字の練習ならば、「きのう、山へのぼりました」のように「山」の前後も含めて書かせる。子どもには「ヤマ」と発音させながらノートに書かせる教師もいる。
（5）点画の書き方を分けて考えさせる。
そうすれば、まだ習ってない字にも応用でき、文字の組み立て意識にもつながる。
（6）別な時、別の文の中で適当に繰り返し練習させる。
作文指導などの中でも、積極的に習った漢字を使うように仕向ける。こうした流れで学習が展開されるのが一般的ですが、そのとき、どういう練習の仕方をするかということは大事です。

指導上の問題点

（1）いつも、一点一画を正確に。
（2）いつも正しい筆順で。
（3）形を覚えるだけでなく、その漢字の持つ意味と使い方を覚えさせる。

第四章

（4）形の似ている字や、同じ音でも意味の違う漢字は特に注意させる。
このような心遣いは大切なことです。こうしたことについては、普段の指導の中で子どもたちに常に意識づけておかなければなりません。しかし、指導計画の面での問題をいうと、五項目くらいの問題点が浮かび上がってきます。

（1）国語の学習全体体系の中で、漢字をいつ、どこで指導するかということがはっきりしていない。
漢字指導に熱心な教師とそうでない教師との違いによって学習内容に差が出てくる。教科書を中心に、漢字学習が進められるわけですが、その課が終わるまでには三回は漢字の指導は成されなければならないという人もいます。その三回の場というのは次のようなところを指しているようです。
・新しい学習に入るとき、読み違いをしないために、読み方を中心に筆順や字形も指導する。
・文章の中身を中心に指導する。
・課が一通り終わった時、特に十分定着しきっていない漢字を指導する。

第四章

（2）練習の仕方に工夫がたりない。

書き取り練習を宿題にしたり、子どもの自主的家庭学習にしたりする例が多いように思います。授業中、教師がその場についていて、そのうえではっきりした指導段階を追って演習させるということが必要。漢字の練習は各自家庭でという考え方は危険です。

（3）教科書とは別に練習の計画を立てなければならない。

漢字は一度習ってもドリル的繰り返し学習をしなければ忘れてしまいます。教科書やその他の読み物などで目に触れる回数や使用頻度、そうしたことと書き取りの成績とは密接な関係があります。せっかく習った字は忘れないように、時々練習させてやらなければなりません。それなのに、そのための意図的計画や工夫はあまりなされていないのではないでしょうか。

（4）漢字の特性を生かした指導——そうした研究がたりない。

漢字には平仮名や片仮名と違った表意文字としての特性があります。それなのに、仮名の指導と同じような教え方をしています。形・音・義を一体とした教え方を意図している人も多くはないようです。漢字はことばとして学び、文章に即して学び、文脈に即して意味を理解しなければ正しく使うことはできません。

「正しく使う」と書きましたが、この「正しく」ということばの中身もわからない人が多いようです。だから、横棒が長いの、短いのなどと論議したりしています。どういう字の場合は長くなければならないのか、どういう字では長短を問わないのか、また、どんな字は必ず跳ねなければならないかなど、基礎・基本的な、漢字というものについての知識が必要です。

漢字は「読む・書く・使う」ということが能力として備わらなければならないものです。教師が字源（漢字のでき方・成り立ち）というものについての正しい知識を持つことは、子どもたちに、漢字に対する興味を持たせるのにも、意味を理解させるのにも、字体の正誤を知らせる上でも有効なことです。これらについての研究も教師ならばしてほしいものです。

（5）漢字指導の仕方についての工夫や指導そのものを軽視するきらいがある。
ことに漢字の練習などは単純な繰り返しの作業です。同じことばかりやるのも飽きてしまいます。つまり心的飽和を子どもに持たせないようにしなければなりません。ただ機械的で、単調な指導は子どもの興味を失わせます。変化のある指導法を工夫することが大切です。

第四章

教育として成立しているのか

いろいろ書きましたが、ここで考えたいのは、担任の先生の教え方は果たして指導なのかということです。確かに先生は子どもには教えているのでしょうが、その教え方で教育が成立しているのでしょうか。こういうと、「えっ？　教えることと教育とは違うの？」と疑問に思ったり反論をされたりするのではないかと、わたしのほうがびくびくします。

わたしは「山」を「やま」、「川」を「かわ」と教えたからといって教育にはなっていないと思うのです。確かに教えはしたでしょう。しかし、そう「教えた」からといって、たとえば「耳」や「目」を教えたからといって「耳目を広める」などということばの使い方ができるようになるでしょうか。「山川草木」ということばが書けるようになったでしょうか。「山」や「川」を教えはしても教育は行われていなかったのではないでしょうか。

日本の国語教育は小学校から大学まで同じです。読解を例にとって考えてみてもわかります。小学校一年生の教室では一年生程度の文や文章を使って、その文章の読解を勉強します。その文章にはどんなことが書かれているか、ということはわかるでしょう。ところが別の文章を出されると読解はできません。要点も、要旨も、話題も、自信をもってつかむことができませんし、

第四章

説明もできません。聞いても「わかんない、まだ習ってないもん」といいます。こうした子どもは習っていないことは知らなくて当然なのだという顔をしています。だから、二年生になって二年生の教科書の読解ができないのです。その積み重ねが大学です。何か間違っていると思いませんか。

そうです。教えはしても教育は行なわれていなかったのです。小学校一年生の学習と大学生の学習との違いは使う文章の違い、教材の違いだけだったのです。読解の方法（技術）のレベルアップではなかったのです。読解の仕方の技術は教わっていないのです。だから文章が異なると、もうお手上げなのです。読み方の教育を受けていないからです。車の運転免許でいえば、教習所で練習するとき毎日乗っていた車ならどうにか動かすこともできるが、全然別の車になると動かせないというのでは「運転ができるようになった」とは言えません。それと同じです。

漢字に話を戻しましょう。ある一つの漢字の読み方は教えるでしょう。しかし、その字の読み方がわかったからといって、書き順がわかったからといって、「だったらこの漢字はこんな順序で書けばいいのだな」と考える力がついたでしょうか。残念ながらつくはずがありません。そうした子どもに育たない限り、成長も進歩もないのではないでしょうか。ここでは「こう読むのよ」とか「こう書くのよ」などと教えるだけではなく、漢字の教育、すなわち「教え育てる」

第四章

ことが必要なのです。それなくして学習の成立はあり得ないのです。

（2）『口唱法』創出への道

ひょうたんから駒、漢字カードからの発見

教師としてスタートしたころは、わたしはいわゆる作文教師でした。作文研究と読解の中の「要点」の研究にのめりこみ、生活作文の分野の指導に力を入れていました。そのため児童一人ひとりにノートを持たせ、毎日のように作文や詩などを書かせていました。

しかし、子どもが書く文章の中で、使っている文字は仮名ばかり。これは大変だと思いました。漢字も効果的に使って、何とかして一応の漢字かな交じり文が書けるような子どもにさせてやりたいものだと思いました。

せめて漢字で書くべきことばは漢字で書かせたいと思うのは当然だと思います。しかし悲しいかな、新米教師に良い知恵が浮かぶはずもありません。わたしは漢字指導のために自分自身が漢字を勉強しなければならないと思い始めました。そのためには教育漢字を一字一字分析し、

でした)。

その構成・構造を調べなければならないと思い始めたのです(当時の教育漢字の数は八八一字でした)。

まず、初めに取り組んだのは、カード作り。それは知り合いの先生方から不要になった名刺をもらい集めることでした。その名刺の裏を使って漢字カードを作ることを思いついたのです。現在のように、パソコンなどはない時代です。印刷ですらガリ版と鉄筆でロウ原紙に原稿を刻み付け、手刷りの謄写版で印刷している時代です。輪転機が普及し始めたのはのちのことです。

集めた名刺の裏に教育漢字の一字一字をカード式に書き取り練習のように、一〇〇字、一五〇字と一点一画を丁寧に書いていくと、それまでに気づかなかったいろいろなことが見え始めてきました。

点から書き始める字、横棒から書き始める字…いわゆる漢字の書き始め(始筆)は「一」(横棒)からか、「|」(縦棒)からか、「ノ」(斜め)の線からか、あるいは「、」(テン)から書き始めるか、この四種類のうちのいずれかしかないということに気がつきました。

漢字の書き始め(始筆)が、たったの四種類、このことに気付いたときは、大きな驚きであり、大発見をしたように思われました。平仮名でも片仮名でも同じでした。生まれて以来、長い年月をかけて学んだ学校でさえ、そんなことを教えてくれる先生もいませんでしたし、また自分でさえも気づかなかったことでした。ましてや、そんなことを教えてくれる親や大人たちでもありませんでした。だれも知らなかったのではないでしょうか。

小学生に教える漢字が八八一字（現在は一〇〇六字）もあっても、その八八一字の漢字一字一字の書き出しはすべてこの四種のいずれかなのです。あなたも友人知人の名字や名前を書いてみてください。すべてがこの四種のうちのどれかから書き始めることに納得できることでしょう。わたしは驚きと共に検証を兼ねて、次から次へと夜毎漢字のカード作りに励みました。

一字一字の長方形のカード（と、いっても、それは方々から集めた使い古しの名刺です）の上のへりに四カ所の切り込みを入れることによって始筆の違いをカードごとに分けていきました。当時はパソコンがあるわけではありませんから、エクセルやデータベースのようなアプリケーションもありません。これだけでも大変な作業でした。

カードの上下左右あちらこちらに切り込みをいれるアイデアはいろいろなことに役立ちました。ことに良かったのは漢字の字形の分類や部首分類などに利用できたことでした。さらに画数分類にも…といった具合に、よく名刺の各辺の切り込みを活用したものです。

文字の始筆はたったの四種しかない

ともかく、こうした作業によって、まず、わかったことは、日本の文字の書き始めの第一画めというのは、どんな字でもたった四種類のうちのどれかでしかないということでした。その四種類というのをもう一度まとめると、次に示す通りです。

①縦棒から始まる字……小、町、貝、山など…一四・一パーセント
②横棒から始まる字……校、林、草、大など…三二・〇パーセント
③テンから始まる字………音、学、空、衣など…二三・五パーセント
④斜め棒から始まる字…右　先　金　白など…三〇・三パーセント
（パーセントは現在の教育漢字一〇〇六字の分類、八八一字時代でも大差はなかった）

これを見てわかることは、最も多いのが「一」（横棒）から書き始める字だということです。次いで多いのが、一年生の字でいえば「生、夕、入、白」など斜め棒の「ノ」から始まる字です。漢字は「縦棒から始まる字」と「横棒から始まる字」が多いのではなかろうかと思うでしょうが、これが実際はそうではなく、「ノ」（斜め線）から始まる字が多いのです。意外だなあと思う人

も多いと思います。この始筆の調査は、以後のわたしの漢字指導の研究に大いに役立ちました。この始筆研究は当然、筆順について考える上で役立ちます。教師にとって、漢字指導で欠かせないのが筆順指導です。漢字指導全体の中で、どの段階でこの筆順指導を行えばよいのか、読みや意味の学習が終わった後なのか、新出漢字の読みを教えたらすぐ、書き順指導に入るのか、こうしたことがズバッと答えられる教師がいるでしょうか。これも漢字指導の問題点であり、難点です。

漢字の字形（概形）は三分類でよい

カードによる漢字の分類は、わたしにいろいろなことを気づかせてくれました。漢字の書き始め（始筆）の分類に次いで有効だったこと、それは漢字の字形（概形）調べにおいてです。漢字の字形は、大まかな部首分類のように七つにも八つにも分類して表示してあるものがありますが、細かく分ければ分けるほど、子どもには負担が増していきます。漢字の字形は、次のように三分類すると、書き順指導の上でも、検索などへの利用を考えても効果的だということがわかりました。（検索への利用については後段で取り上げます）

第四章

①上下型

いわゆる「宀」（ウかんむり）に「至」で「室」という字ができ、「艹」（草かんむり）に「早」で「草」になり、「音」の下に「心」を書くと意見の「意」になる、また「音」そのものは「立」と「日」のまとまりだといったような、上の部分と下の部分との合わさった形。「上下型」の漢字、または「上から下へ型」とします。

②左右型

もう一つは「亻」に「木」を書いて「休」とか、「さんずい」に「毎」を書くと「海」になり、「扌」に「寺」で「持」になるといったような漢字があります。こうした漢字は「左右型」と呼ぶようにしました。「左から右へ型」です。

③その他型　□

そして他に左右型でも上下型でもない字形の漢字があります。たとえば「券、病、園、片、重」などのような字形の漢字は上下にも左右にも分けられません。こうした漢字ををひっくるめて「その他型」として同じグループにまとめました。

漢字の字形をこの三つに分類すれば、それ以上細かく分けることはないということも分かりました。この三分類が次のまとめです。漢字を書くときの筆の運び方の大まかな見方に役立ちます。

現在の教育漢字＝一〇〇六字で言えば、

①左右型（横型）の漢字……四六一字（四五・八パーセント）…続、階、断、泳など

②上下型（縦型）の漢字……二六〇字（二五・八パーセント）…農、筆、兼、草など

③それ以外のその他型の漢字…二八五字（二八・三パーセント）…道、遊、事、山など

この数字を見るとわかりますが、教育漢字は字形の約半分（四五・八パーセント）が左右型の漢字で、あと半分が上下型とその他型を合わせたもの（五四・一パーセント）だというわけです。

漢字をこうした三分類にするメリットが、漢字指導のどこに、どうつながるのでしょうか。

実はこの三分類の考え方が、筆順指導には直接に影響するのです。筆順指導というのは一つの漢字をどこから書き始めるか、その次にはどう書いて、どう書いて、そして最後にどう書くかということと密接な関係があるからです。（この書いていく順番、これがすなわち筆順です）

従来の筆順の示し方のいろいろ

いつごろに確立したものか、筆順の教え方にはおよそ次のような方法がありました。それは戦前からあった方法もあれば、戦後出てきた方法もあります。あなたもこのどれかで習っているはずです。

①分解法・ばらばら法

矢…ノ ー 一 ノ 丶

文字を構成している一点一画をばらばらに分解して示していく方法です。ばらばらにすることによって、その部分はわかりますが、漢字の全体形は自分の頭で構成していかなければ浮かび上がってきません。

②組み立て法・構成法

分解法が漢字を一点一画ばらばらに解体して示す方法だったのに対して、これは逆に順次構築して示していく方法です。

③強調法

その文字全体を薄く見えるように出しておいて、該当する部分を濃くしてみせる、あるいは太くしてみせる、あるいは色で示す。したがって、今度はここ、次はここ、というように、その部分を強調して示すわけです。現在、一般的に使われている示し方のようです。

④数字法・番号法

筆順通りに、どこが一番初めに書くところか、次はどこを書くのかというように、筆順を数字で示します。この方法は順数法と呼んでもよいと思いますが、一画目から順に番号をつけて筆順を示す方法です。二〇画もあるような漢字（例「議、競、護」）、こうした漢字の場合、どこが一二番目で、どこが一八番目か、その書き順を示す部分がゴチャゴチャになってしまって、示すのに困難です。見る子どものほうも番号の数字が多くて混乱します。現に市販の練習帳や参考書にも、こうした提示のものが少なからずあります。

⑤彩色法

一筆目は赤、二筆目は青というように子どもとの間で色の約束をしておきます。そうして、番号法の代わりに該当する部分を色で示します。ですから、この場合には一点一画ごとに色鉛筆を替えて持ち、該当する筆画の色鉛筆で書かなければなりません。主として一年生の教室で

初期指導に盛んに用いられています。それは平仮名指導で教科書（出版社）がこの方法を用いていたことによるもののようです。

ある一年生の教室を参観させてもらったときのことです。この彩色法を使っておこなっていた授業が終わって、教室を出てきた子どもたちに「君たち、今日は一時間なにを勉強していたの？」と問いかけたところ「ぼくたち、色を替えたの！」という返事が返ってきました。教師は懸命に立派な書き順指導をしたつもりだったのでしょうが、子どもにとっては「色を替える勉強」だったのです。

ここに挙げた①から⑤までの方法は今や普通の教室で一般に使われている方法です。しかし、それぞれにここに示した筆順指導の名前がついているというわけではありません。わたしが仮につけたものです。以後述べようとする方法、口唱法との違いをいうための便法としてつけたものです。

筆順の示し方と筆順指導とは違う

これらの筆順の表し方（示し方）は書き順指導ではありません。筆順の表し方は子どもがいうところの「色を替える学習」も含めて、書いていく順序につける点画の順番であり、筆順指導とは異なります。示してある漢字の色別点画の順番通りに鉛筆を替えながら書かせることも筆順を包含する内容ではありますが、それは筆順指導のすべてではなく、筆順の色による弁別であり、あくまでも筆順を表す各種の方法の中の一つなのです。

先にあげた5つの筆順の表し方は、それはそれで画数の少ない字にはある程度利用できないことはありませんが、画数の多い字には適用しにくくなるという欠点があります。

小学校で扱う一〇〇六字の学習漢字のうち、三画や四画で終わる漢字は七〇～八〇字しかありません。これは、全体のおよそ八・二パーセントです。最も多いのは総画が八画の字で一一二字、次が一二画の九九字や一一画の九七字です。そして七画と九画の八五字と続きます。

子どもたちはその日に習った漢字を、これら分解法や構成法などの筆順の表し方（示し方）通りにノートに書く宿題をさせられるのです。「上」を|一一、「下」を一|　、というように、五字ずつ書いていく、一行ずつ書かせられる…といった宿題が出るのです。たまったものではありません。「上」や「下」のような、三画しかない字を書かせられるのではありません。画数の多い字をこの方法で書くのです。

これは書いていく順序（書き順）を示したものではあっても、この方法で子どもに書く練習をさせるものではありません。こうした練習をさせる愚はやめるべきです。「頭」を書くとき、（左側の豆へん部分を）「豆豆豆…」と書いて、あとから「頁頁頁…」と書き加えて「頭」という字の形に仕上げても、それは「頭という漢字を書いた」ことにはならないのです。同じ字を一行書いても、それは字を書いたのではなく、無駄な時間を費やしたのと同じです。早く宿題をやっつけるための便法です。

（3）漢字の覚え方

部品を塊《かたまり》として覚える

「画数が多い字の方が覚えやすいから好きだ」という人たちがいます。普通の人とは異なった認識の人たちだと思います。普通ならば画数が少ないほうが楽だと思うのでしょうに、そうではなく、画数の多い漢字のほうが覚えやすいというのですから対照的です。こういう人たちはどんな教え方や学び方をしているのでしょうか。今も言ったように画数の多い字というのは、たとえば「何へんに何」とか、「何かんむりに何」のような形声文字や会意文字といわれる作り方の字が多いのです。

例として辞典の総画索引の、画数の多い部類、たとえば一〇画のところを見てみましょう。そこには「案、員、院、益、桜、恩、夏…」というようにアイウエオ順にたくさんの漢字が並んでいます。これらの字を覚えるとき、「ハイ、手をあげてぇ」とか、「一、二、三、四〜」といったようにして、一点一画を書いていったのでは明治以来の学校方式と同じです。それがいけないとは言いませんが、あなたはそんなことはしないでください。


「案」は「安」と「木」

「員」は「口」と「貝」

「院」は「こざとへん」に「完」


これは、度忘れした漢字を「どう書くんだったっけ？」と聞かれた時の教え方です。教えるときは大体こうして教えるようです。この教え方は、漢字を部品同士の塊として見ているのですが、なかなかうまい教え方です。

部品の塊というのは「にんべん」と「可」で「何」とか、「ム」と「口」で「台」とか、そんな言い方をするときの「にんべん」や「可」、あるいは「ム」と「口」そういうのを塊といいます。書きながらそういう塊を口で言いながら書くのです。これを実行させることが大事です。

こうした教え方ができる、あるいは、そういう塊で聞いてその字がわかるということは、その部分なら知っている、書いてみて「ああ、そうだった」と、その字そのものの概形が思い出せる、書くことができるという人です。

漢字を書くということは、実際には一点一画を積み上げて書いていく作業ですから、書きの指導は一点一画をおろそかにせず、そうして筆順に従って筆を進める作業なのです。しかし、そのときの頭の中は、一点一画の積み上げではないのです。その部分、部分、あるいは塊の認知なのです。

漢字の概形（字形）をとらえる

漢字には一点一画を順に積んでいって字形を正しく作るということのための筆順というものがあります。しかしその筆順がどんな順番なのかを考える前に「この漢字の概形（字形）は何か」と見る習慣をつけさせなければなりません。そうした習慣がつけば、その習慣は、漢字の見方、考え方として書く練習をするときの強い味方になります。

漢字の概形の捉え方は、たったの三つで十分と今言ったばかりです。どんなに画数が多くても、どんなに少なくても、全ての漢字がこの三つの概形のどれかに分類することができるのです。
①左右型（横型）の漢字……四六一字（四五・八パーセント）…続、階、断、泳など
②上下型（縦型）の漢字……二六〇字（二五・八パーセント）…農、筆、兼、草など
③その他型（それ以外）の漢字…二八五字（二八・三パーセント）…道、遊、事、山など
の説明を思い出してください。
その他型には、これ以上部品に分けられないひと固まりの字と、いくつかの部品が入り組んでいる字が分類されており、とくに「術、誕、楽、遊」などのように部品がいくつもある字は、どこから書き始めるか迷うものがあります。具体的に見てみましょう。
【術】…「彳」を書いてから「朮」を書いて最後に「亍」を書く、といったように「左↓中↓右」の順
【誕】…「言べん」を書いて右側の「ノ止」を書いて、真ん中の「廴」を書く、という「左↓右↓中」型
【楽】…上下にわかれる字だが、上部分は「白」を書いて左の「ン」を書いて、右側の「く」を書くといったように「中↓左↓右」型
【遊】…真ん中の「方」を書いて右側の「ノ一と子」を書いて、最後に「辶」という「中↓右

↓左」型）

「左右型」「上下型」「その他型」という三つの概形は、漢字を書くときの筆の運びのヒントになる大もとです。筆順を考えるとき、上から下に向かって書いていくのか、左側のへんを書いてから右側のつくり部分に移るのか、あるいはこの二つの原則に当てはまらない真ん中部分を書いてから右側を書き、そして最後に左側を書く（例・遊）という字なのかということを見た上で次のようにします。十数行前に出した三つの概形の説明に使用した漢字を使って説明しましょう。

①続…この字は「左から右へ型」だから、「糸へん」から書き始める。…「糸へんに売る」または「糸へんに（士）（ワ）をかき（ひとあし）つける」

②農…この字は「上から下へ型」だから、上の「曲」から書き始めるんだな。…「曲（きょく）を書き よこいち ノを書き、よこ二ほん、たてぼう 跳ねたら 左右に払う」（残念ながら「辰」が学習漢字でないから「曲」に「辰」とはいえない。）

③道…この字は「上から下へ型」でも「左から右へ型」でもない。しかし「しんにょう」は最後に書く決まりになっているから「首」から始まるな。…「ソ一ノ目に しんにょう」または「首

に　しんにょう」

それぞれ三つの概形の字の例を一つずつ挙げましたが、こんな調子で、自分で唱え方を作りながら書きの練習をするのです。「1、2、3…」と書き順の番号を唱えるのと「ソ一ノ目に　しんにょう」とか「首に　しんにょう」と唱えながら書いていくのと、どちらがよいでしょう。

国語の時間に、しかも、それが漢字の学習時間に「1、2、3…」などと算数をやる必要はないと思うのです。この授業は筆順の指導なのだということを押さえる場合、同じ唱えるのなら「1、2、3、4…」ではなく、書き順そのものを唱えさせるのがよいと思いませんか。

文字を見る順序

「口唱法」の筆順指導では、筆順を考える前に、まず、この字は「なに型か」と考えさせます。それは、字形の全体から筆順を推し量って知るためです。「続、階、断」などはへんとつくりを合わせた「左右型」ですが、「続」の「糸へん」は一年生で「くムとつづけて　たて　ちょんちょん」と習った字ですし、「売」は二年生で「士ワ　ひとのあし（儿）」と習った字です。「続」を四年生で習うときには、「続」や「売」を構成する部品はすでに習って知っている字（部分・塊）ですから、唱えるのも簡単に唱えられます。

同じようにして「階」でしたら、初めの「なに型かな」と考える段階で、「左右型」だから左側の「フに　つづけて　たてぼう長く」（阝）から始まる字だ」とわかります。そうだったら、この部分は「こざとへん」とそのまま部首の唱え方で言わせていいわけです。しかも「階」という新出字の前に既習字として「院、陽」などを学習しているかもしれません。未習ならば「こざとへん」は「フに続けて　たて長く」と唱えます。そして右側の「つくり」部分は（「階」の場合「上下型」です）「ヒヒに白」だとわかります。すると「階」は全体で「こざとへん、ヒヒと続けて　白をかく」と唱えればよいことがわかります。あるいは「フにつづけて　たてを書き　ヒヒと続けて　白を書く」でもよいわけです。

こうした漢字の見方の訓練をすることによって、一つ一つ教師に教わらなければ筆順がわからないというのでなく、見違えるように筆順意識が高まっていきます。このように、先ず初めに「この漢字はなに型か」と三種類に分けさせる見方は、これまでの学校教育でも、どこの家庭でも行われていなかったものだと思います。

筆順を口で唱えるための約束

この字形（概形）の三種の弁別に、もう一つ、（これもすでに説明しましたが）「始筆はどうか」という考え方を導入しドッキングさせます。

【始筆は　どこから？】

①縦棒から始まる字

②横棒から始まる字

③テンから始まる字

④斜め棒から始まる字

という四種の、「始筆はなにか」という考え方とそれにもう一つ「唱え方」を組み合わせるのです。すると、これから詳しく述べる下村式口唱法という筆順学習の方法が使えるようになります。その説明をいたしましょう。

もう一度言いますが、筆順指導では必ず、次の三つのステップを踏ませます。

（1）「字形（概形）を考える」

（2）「始筆を考える」

（3）「唱え方を考える」

「字形はなにか」「書きはじめはなにか」「どう唱えるか」と、その都度、口に出して言わせるのです。「休」という字でしたら、次のようになります。

例・「休」

（1）「字の形はなにか」…「左右型」だ。

（2）「書きはじめはどこか」…「ノ」からだ。

（3）「どう唱えるか」…「かなのイに　漢字の木」だ。

画数の多い字はほとんど組み合わせ文字だといいました。つまり、「へんとつくり」とか「かんむりと　あし」とか、とにかく、何かと何かが合わさってできた字だということです。「部品の集まり」だということもできます。

（4）「唱え方」の作り方

唱え方・三つの原則

わたしは小学校で学習するすべての漢字について「唱え方」を作りました。この口唱法は、漢字を覚えながら同時に筆順も覚えられるというものになりました。下村式の『漢字の本』（偕成社）などに全ての唱え方を紹介していますので、すぐに実践してみたい方はそちらをご覧ください。この項では、その口唱法がどういう仕組みで作られているかについて知りたいという方のために、簡単に解説します。これがわかると、唱え方を丸暗記しなくても、どんな字についても、いつでも適切な唱え方を作って指導できたり、子ども自身にも作らせることができます。

原則1　文字をすべて点と線との組み合わせとしてみる

漢字は、点と線との組み合わせでできています。

（例）「上」…｜一一　「たて　よこかいて　よこぼう長く」

（例）「下」…一｜、　「よこぼう　たてで　てんつける」

この点や線につけた名称が「点画の唱え方の約束」という漢字分解の24の要素になるのです。たとえば「田」という字は縦棒の組み合わさり方によって「田」にもなり「由」にもなり「甲」にも「申」にもなります。したがって、点と線とがどう組み合わさっているかという見方は大事です。

また、漢字は（仮名も）すべて最初の筆の運び方によって「|」「一」「ノ」「丶」の四種類に分けられることは話した通りです。どんな字でも「書き始め」は次の四種類しかないのです。

「一」から始まる字（例）木　天　あ　サ
「|」から始まる字（例）口　門　わ　ト
「ノ」から始まる字（例）伝　急　の　イ
「丶」から始まる字（例）主　肩　ウ　ソ

これが文字の始筆・四種です。この四種の始筆は筆順を唱えるときの絶対の基本要素になります。「下」という字でしたら、「よこぼう　たてで　てんつける」、「牛」でしたら「ノいちのよこで　たてながく」と唱えます。

この原則1を用いるのがよい場合は、以下の通りです。

①その文字が初めて習う字だったとき。

第四章

②その文字を形作っているいくつかの部品のうち、ある部分が初めて習う部品だったとき。
③書く順序の押さえどころを強調したいとき。
④唱え方の全体のリズムがよくなるなど、他の原則を用いるよりこの原則1を使うと効果が大きいと思われるとき。

原則2　文字を「まとまりのある部品」と「点と線」との組み合わせとして見る

文字のうちでも漢字はことに、点や線と「まとまりのある字」との組み合わせのものが多いものです。たとえば「可」でしたら「一」と「かぎはね（亅）」と「口」との組み合わせです。漢字の七〇～八〇パーセントはこうした組み合わせの字です。

ここでいう「まとまりのある字」というのは、「可」でいえば「一」と「口」のことです。一つの文字の構成部品「一」と「かぎはね」（亅）と「口」のうち、平仮名、片仮名、漢字及び従来の部首などに見立てられる部分のことを指しています。

（例）「立」…、一ソ一「テン一ソ一」　点とカタカナの「ソ」と漢字の「一」の組み合わせとみる。
（例）「町」…田一亅「田んぼの田　横棒書いたら　たてはねる」（漢字の「田」と横棒とたては

ねとの組み合わせとみる。

「町」という字の中の「田」はさらに分解できますが、すでに習っているので、あえて「まとまりのある字」として使います。

漢字の一部を見ていると、カタカナの「メ」に似ているとか「カ」に似ているなど、字としての体を持っている部分に見えるものがたくさんあります。「気」には「メ」に似ている部分が含まれていますし、「加」は片仮名の「カ」と「ロ」との組み合わせのようにも見えます。「友」ならば「ナ」と「ヌ」との組み合わせ、「糸」という字は上部「幺」を部首名で「糸がしら」といいますが、これは平仮名の「く」と片仮名の「ム」を合わせた形と見ることができます。ですから「糸」は「くムとつづけて　たて　ちょん　ちょん」と唱えられるわけです。

この原則2を用いるのがよい場合は以下の通りです。

①その文字を構成する部品の中に既習部分を含むものがあるとき。

②わざわざ原則1に戻すよりも、まとまりのある字としてみたほうが端的で分かり易く、唱えやすいとき。

③その部品をすでに何度も学習していて書きなれている場合。あるいは、まとまりのある字としての言い方、例えば「よこ　たてはねて　もちあげて」と唱えるよりも「てへんに…」と

唱えながら書くことに習熟していて、書きやすいほどになっているとき。
これらが原則2を用いることによって、その子どもの能力、段階などにあっていて効果が大きいと思われる場合です。

原則3　文字をまとまりのある部品同士の組み合わせとして見る

学習が進めば進むほど、この原則3は多用されます。
まとまりのある部分がすでに習ったものであるとき、そのまとまりのある部分の呼び名によって唱え方を決定することがあります。

この原則3は原則1や2を使うよりも、原則3によった方が書く速さに応じたリズミカルな唱え方が可能になり、書き順を覚えやすい場合、例えば「扌」を「よこ　たてはね　もちあげて」とするよりも「てへんに…」と唱えながら書くことに慣れていて書きやすいくらいになっている時などに適用されます。

(例)「程」…「のぎへんに　口と　王」　部首の禾（のぎへん）と口と王とみる
(例)「庫」…「まだれに　車」　部首の广（まだれ）と漢字の車とに分解する

習って知っている漢字が増えるにつれて、書き順指導と限らず活用されるケースが多くなります。

原則3を用いるのがよい場合は、以下の通り。

①その文字を構成する部品がすでに習っていて、原則1や2に戻さなくてよいことがはっきりしている場合。

②まとまりのある部品としての唱え方の方がその文字全体を唱えるのに唱えやすく、手の動きにリズムがよくあうとき。

口唱法というのは、こういう原則に従って、漢字学習全体を学年の段階に応じて、分解して覚えやすく、書きやすいというように作ってあります。

口唱法による唱え方の約束

先の3原則にしたがって、唱え方ができるように、部品の唱え方を作ってありますのでご紹介しておきましょう。（1）は、漢字がどんな点や線でできているかをまとめ、その唱え方を示したものです。（2）はいわゆる漢字の部首名を口唱法ではどう唱えるかをまとめたものです。

下村式口唱法による　唱え方の約束

〈左の表の見かた〉

左の表は、下村式口唱法の原則（118ページ参照）にしたがって作られたものです。**表1**は、漢字を一度ばらばらにしてみて、どんな点や線からできているかをまとめ、その唱え方をしるしたものです。

表2は、いわゆる漢字の部首名を、口唱法ではどう唱えるかをまとめたものです。

〈左の表の応用のしかた〉

左の表の唱え方を組み合わせれば、どの漢字もやさしく書き順を唱えることができるので、学校で習わない漢字までも、楽に覚えられるようになります。

1　漢字分解の24要素と唱え方

一	よこぼう （よこいち）	丨	たてぼう （たて）	フ	かぎまげ（うち）はね
乛	よこはね （よこぼうはねる）	亅・𠄌	たてはね （たてぼうはねる）	乙・⺄	かぎまげ（そと）はね
丶	てん （チョン）	亅・㇉	たて（ぼう）まげはね	了・ㄋ	フにつづける フをつづける
亠	てん一《いち》	𠃊	たてまげ	㇀	もちあげる
䒑	ソ一《いち》	乚	たてまげはねる	丿	左《ひだり》ばらい
𠂉	ノ一《いち》	丿	たてたノ （ノをたてる）	㇏	右《みぎ》ばらい
𠫔	ノフ（とつづける）	𠃍	かぎ	乂・㇏	左右《さゆう》にはらう
ヨ	ヨのなかながく	𠃌	かぎはね	乂	りょうばらい

2　ふつうの部首名の口唱法での唱え方

宀	ウとかいて ［ウかんむり］	彳	ノイとかき ［ぎょうにんべん］	儿	ひとのあし ［ひとあし］
冖	ワとかいて ［ワかんむり］	石	石《いし》をかき ［いしへん］	夂	クに右《みぎ》ばらい ［なつあし・ふゆがしら］
艹	・サとかいて ・よこぼうかいてたて2ほん［くさかんむり］	言	てん一《いち》よこよこ 口《くち》をかき［ごんべん］	凵	たてまげ たてぼう ［うけばこ］
⺮	・ケをふたつ ・ケケとかき ［たけかんむり］	土	よこ たて もちあげ ［つちへん］	冂	たて かぎはねて ［どうがまえ］
人	ひとやね ［ひとやね］	糸	くムとつづけて たてチョンチョン ［いとへん］	廴	フをつづけて右《みぎ》ばらい［えんにょう］
扌	よこ たて はねて もちあげて［てへん］	阝	フにつづけて たてぼうながく ［こざとへん］	几	ルににた字《じ》 ［つくえ］
礻	ネとかいて ［しめすへん］	阝	フにつづけて たてぼうながく ［おおざとへん］	又	フに右《みぎ》ばらい ［また］
禾	ノ木《ぎ》とかき ［のぎへん］	冫	ンをかき ［にすい］	幺	くムとつづけて ［いとがしら］
亻	イをかいて ［にんべん］	氵	シとかいて ［さんずい］	弋・戈・戈	たすきがけ［しきがまえ・ほこがまえ］
刂	たてぼう2ほんで おわりをはねる ［りっとう］	攵	ノ一《いち》とかいて 左右《さゆう》にはらう［のぶん］	忄	チョンチョン たてぼう ［りっしんべん］

第五章　口唱法の効用と運用のコツ

（1）口唱法は筆順の間違いを正す

自己流に覚えた字は、往々にして筆順を間違えて覚えていることがあります。あなた自身は「何」という字をどんな順に書いているでしょうか。改めて指で書いてみてください。

何

①亻一亅口

②亻一口亅

この二通りの書き方が多いようですが、この字の標準の書き順は②の「亻一口亅」です。ところが①の書き方をする人もけっこう多いのです。（草書や崩し字などでは、こうした書き順もあります）

口唱法での覚え方は次のようにします。実際に口に出して唱えてみてください。

「にんべんに　よこいち　くちで　たてはねる」

もう一度唱えてみてください。

「にんべんに　よこいち　くちで　たてはねる」

間違って「たてはね」を先に書くように覚えていた人は、「にんべんに　よこいち　くちで　たてはねる」と言いながら、もう一度書いてみてください。

そうするとイを書いて一を書いて、次に習慣になっていた「たてはね」に手がいきそうになりますが、あなたの口が「にんべんに　よこいち　くちで…」と唱えるものですから、手がオットットと「たてはね」をやめて「口」の方へ向かいます。

こうして数回「にんべんに　よこいち　くちで　たてはねる」「にんべんに　よこいち　くちで　たてはねる」と唱えながら書いてみてください。必ずあなたの書き順は矯正できます。

これは、わたしが最初から気付いていたことでも、意識していたことでもありません。口唱法を使って授業をしてくださった、多くの先生方からの報告で知ったことです。

また、それまでは宿題に五字ずつ「何」という字を書いてきなさいといわれると「イイイイイ」と書いてから「一一一一一」と書いて、さらに「口口口口口」「亅亅亅亅亅」といった、漢字練習というよりも、やっつけ仕事のような子どもの書き方がなくなったと喜ぶお母さん方の声も届くようになりました。こうしたことはわたしにとっても本当に思いもかけないことでした。

間違いやすい筆順の例をさらにいくつかあげてみましょう。あなたは大丈夫でしょうか。いっしょにチェックしてみましょう。

「素」は上下型の字です。上から下へという順で書いていきます。「よこ　たて　よこ　よこ　く　ム　たて　ちょんちょん」ですが、この字で間違いやすいのは上の部分の書き方です。下の「糸」の書き順を間違える人はいませんが、上の部分は要注意の字です。これは、「青」も同じです。すなわち「よこぼうを三本」書いてから「縦棒」を書く人と「よこ　たて　よこ　よこ」とする人とがいるからです。覚えさせたいのは後者「よこ　たて　よこ　よこ」という書き順ですから、この部分は原則1の分解法によって「よこ　たて　よこ　よこ」と唱えさせてから「糸を書く」と唱えさせると間違いが起こりません。

「家」は「うかんむり」と「豕」（いのこ）ですが「うかんむり」は低学年のときから部首名を「うかんむり」ということを教えてしまいましょう。そうして「豕」部分だけを一点一画のいい方、原則1でいわせるのです。

「家」…「うかんむり　よこぼう　ノを書き　たてまげはねて、ノノと続けて　左右にはらう」こうすると「家」という字を書く筆の運びと手の動きとがスムーズに行きます。（これを「運筆」といいます）これは大事なことなのです。

詳しく説明すると「うかんむり」ここで一拍置きます。そして次に「よこぼう　ノを書きたてまげはねて」ここまでを一気に書かせます。そうして、ここで息継ぎをさせてから最後に一気に「ノノと続けて　左右にはらう」と唱えながら書きます。そうすることによって、とても美しくよい字が書けます。惚れ惚れするくらいの美しい字になります。お試しください。メリハリをきちっとつけさせることが大事です。ですから、手やタンバリンを叩くとき、このコツを覚えてしまうと、きちんとした字を書かせることができます。

見学にみえた先生方が、子どもたちのノートを見て「これが本当に一年生の書いた字ですか」「一年生のノートではないのですか」と聞かれます。確かにメリハリのあるきちんとした字に見える書き方になります。一点一画をきちんと止めたり跳ねたり、口唱法はすごくよい方法だといわれます。

口唱法の唱え方のコツ

引き続き、楽しい口唱法での覚え方をいくつか見てみましょう。

「通」は「マ用（まよう）に　しんにょう」です。

「遠」は「土ロイく（どろいく）　しんにょう」です。

画数が多くなればなるほど難しくなると思う人がいるようですが、そんなことはありません。「勇」は九画ですが難しい字でしょうか。「勇」が「男」（七画）より難しい字でしょうか。「勇」は「マ田カ（またか）」と覚えればよいのですし、「兼」は十画ですが「ソ一と書いて　ヨの中長く　縦棒二本で　左右に払う」と言いながら書けばよいのです。

「類」は一八画ですが「米に　大きい　一ノ目ハ」でよいのですし、

「躁」は「足へんに　口を三つで　木を下に」（二〇画）

「録」は「金ヘンに　ヨの下長く　たてはねて　左にンで　右には　く」（一六画）

「警」は「サを書いて（または「くさかんむり」）ノに　かぎはねて　口を入れ、ノ一で　両払い　言を書く」（敬うに言）（一四画）

「潮」は「さんずいに十日十月（とおかとつき）」（一五画）

「職」は「耳に　立つ日の　たすきがけ」（一八画・ただし「立」の5画目は意識的に右端を長く書かせる）

高学年になればなるほど、また画数が多ければ多いほど、筆順の覚え方は易しくなるということがおわかりだと思います。しかも、低学年のころ、いや、幼児のころの平仮名指導から口唱法を使ってやっていれば、一年生でも簡単に書くコツがわかるのです。

頭を働かせ、漢字で転移力

「着」という字は三年生の配当漢字になっています。「着」は何画でしょうか。一二画です。この一二画の「着」を分解して「ソ王ノ目（そおうのめ）」と覚えさせます。「着」と「美」とは上部の「ソ王」の部分が同じです。そうすると、同じ三年生で習う「美」が出てきたとき、子どもたちは「あ〜、ソ王だぁ」「ソ王がでてきたよぅ」といって大喜びをします。

子どもとはそういうものなのです。そして「美」は、「着」を覚えたときと同じように「ソ王に大（そおうにだい）」と覚えればいいということがわかります。こういう頭の働かせ方をすばらしい頭の使い方というのです。こうした思考方法を「転移力」といいます。こういう頭の働かせ方ができるようになったら、しめたものです。「なるほどねえ、うまい覚え方ねえ」と褒めてやってください。そうして、もう一声かけてください。

「ほかにも『ソ王』のつく字があるかもしれないね。辞典（または教科書）で探してみたら？」と。

子どもには今まで習った教科書や辞典で探してみるよう促してやるのです。

「あった！　こんな字があった。交差点の『差』だ。これは『ソ王ノエ』だよ」

「あった、あった。『養』という字もあった。教養の『養』だ、これは『ソ王の食』だね」

「なあんだ、よしお君の『義』も『ソ王』じゃないか。先生、『義』は『ソ王の我』だってよ。気がつかなかったよ、ぼく…」

「だったら、議会の『議』も『ソ王』じゃないの。『言べんに、ソ王の我』ね」

と、いってやればよいのです。

配当漢字にこだわるな

どうです？　こうした教え方を学校がしてくれますか？

学校というのは、学年にこだわり、学年配当にこだわるところです。ある学校で、その学年までの配当漢字しか子どもたちに使わせないというところがありました。そう決めた合同学年会（一、二年合同）の先生方がいましたが、この学年会の先生方はこのような授業を取り入れる考えなど思い浮かびもしないでしょう。

この口唱法指導の考え方には、漢字というものに四年生の漢字、五年生の漢字といったような配当があって、それに縛られるという考えはありません。日本語を話し、日本語を読み、日本語で書く人間にとって、読み書きの生活の中で、これは子どもの字、これは大人の字などという区別があるなどという考え方がないからです。まして「子どものことば」「大人のことば」などという区別があって「大人のことば」を子どもは使ってはいけないなどと思っている教師や子どもなど、一人もいるはずがありません。

本来、この合同学年会の先生方のように「これは何年生の漢字」などという配当にこだわるのは間違いなのです。学校教育の中で学年別に漢字が分けられているのは、学校という意図的教育を行う場だからこそ指導の段階や指導の順序として指導という枠の中で便宜的に作ったものので、そうしなければ、最低、教える漢字が教える教科書や教師によって異なることになりかねません。それでは困るからです。

教科書の検定制度もそうした考えの下で行われているものです。わたしたちの生活の中で、「このことばは何年生のことばだ、何年生の配当漢字だ。だから、それ以外のことばは日常生活の中で使ってはいけない」などと決める人がいるでしょうか。そんなことはできるわけがありません。

子どもというのは、誘《いざな》い方によっては学年配当の枠などを超えて、どんどん覚えてしまうものです。英語にして然り、漢字にして然りです。そういえば、幼稚園児でお相撲の好きな子が力士のしこ名を、白鵬翔、鶴竜力三郎さらには新しく横綱になった稀勢の里寛、大関の豪栄道豪太郎、高安晃とか御嶽海久司などと書いていました。友人はそれを見て驚いていましたが、これなどちっとも驚くことはないのです。この子がお相撲が大好きで、お相撲さんを大好きだからです。あなたの近所でもそんな子どもがいるでしょう。

先の例で挙げた子どもは「着物」の「着」をきっかけに「美」「差」「養」「義」「議」と、なんの苦もなく六字を覚えてしまったではありませんか。さらに学習漢字でない「儀」まで覚えてしまう可能性まであったのです。そのときに「もっとソ王のつく字があるかもしれないよ。これで探してごらん」と漢字辞典を出してやれば、「あった、あった。人べんにソ王の義と書く『儀』もあったよ。儀式とか祝儀袋とかいうときの儀なんだって！」と、あなたのお子さんはいったかもしれません。辞書一冊がどれほど子どもの成長を助けるものか、計り知れません。こうした漢字の勉強の仕方を「口唱法」といいます。

先日、沖縄のある小学校で、ここまで来てくれたのだから子どもたちを見て行ってくれというので、見学する機会を得たのですが、「せっかくだから漢字の授業をしてくれないか」という

第五章

話になって、一年生の教室に行きました。一年生全クラス一〇〇名ほどが集まっていました。紹介されて子どもたちに挨拶をしました。

○どこから来たか――東京から
○なぜ来たか――お仕事で
○なにで来たのか――東京から飛行機で、そして空港から学校まで車で。

子どもたちの質問に答えながら、こんなやり取りの中でわたしはとっさに「飛」（四年配当字）を使って授業をしてみようと思いつきました。話に出た飛行機の「飛」と「車」とを黒板に書きながら二つの漢字の読み方と使い方を示しました。そして、そのあとで「飛」の書き順を教えました。

♪かぎ曲げはねて　ちょんちょん　かいて
♪たてぼう　かいたら　ノをふたつ
♪かぎまげはねて　ちょーんちょん

飛

さあ唱えてみよう、といって数度、唱えさせて全員を立たせ、そこにあったカスタネットをタッタカ、タッタカ叩いてやりました。

あなたもえんぴつの尻で机を叩きながら唱えてください。子どもたちはおもしろくなったらしく一〇〇名もの子が大きな声で唱えました。見ていた先生方は、一年生なのに四年の配当漢字「飛」を覚えてすぐ書けるようになってしまったと驚いていました。驚くことはないのです。簡単なことです。

各教室に帰りながらも、子どもたちは「かぎまげはねて　ちょんちょん　かいて〜」と大声で唱えながら自分たちの教室に帰っていったと担任の先生は報告してくれました。これが口唱法なのです。歩きながら唱えている子どもたちの頭の中にはそれまで見ていた「飛」という字が残像として残っているのです。子どもはその字形を思い浮かべながら唱えているのです。よっぽど面白い漢字の授業だったようです。

子ども自身に発見させることが大事

口唱法を使って漢字の部品を覚えていくと、画数の多い漢字ほど覚えやすくなっていきます。口唱法では「大」を「よこぼうで　左にはらって　右ばらい」とか「よこぼう書いて　左右に払う」と唱えています。すでに「人」という字を習ってしまった子どもでしたら、「よこぼうに　人」とか「大は一人」などでもよいことを発見します。それればかりか「夫」を「よこぼう

二本で　人を書く」と覚え、形の似ている「失」を「ノに　よこぼうで　大を書く」とか「ノに　よこ2本　人を書く」という字まで発見してしまいます。

そのためには「人」を習った子どもに『「大」は『よこぼうに　人』とか『大は一人』などとも唱えられるよ」などと教えないことです。「そうもいえる」「そう、見ることもできる」ということを子ども自身に発見させるのです。子ども自身が発見したように仕向けることです。この「仕向ける」ということが親や教師の大切な役目であり、大人にとっては子どものための適切な援助なのです。

「仕向ける」というのは発見させることとです。「夫」と「失」を並べて提示すれば、大人が何も言わなくても、子どもは「あれ？」と思います。そして「夫」と「失」についての字形の違いを調べ、筆順は？　意味は？　「夫」の成り立ちは？　「失」は？　と、いろいろな方面に思考を膨らませていきます。「夫」と「失」を並べて見させること、そして「あれ？」と思わせること、これが仕向けるということなのです。そのための仕掛けが親や教師のしてやるべき援助なのです。

人間というのは、教わったことは忘れても、自分で発見したことは決して忘れません。ですから、自分で発見したように思わせるのです。ヒントとして目の付け所は教えてもよいのですが、最終的な唱え方、その漢字をどう分解して覚えるかということは、子ども自身に探させるのです。その漢字が何ページのどこにあるかを探させるのです。子どもが探しやすいように作っておいてやるべきなのです。

そうして親や教師は「なるほどねえ、それはいい分け方ねえ」「その分け方はわかりやすくていいわねえ」といって、大いに感心したように褒めてやるのです。親子の間では子どもは「考え、発見」し、親は「それを褒める」という分業が大事だと心得てください。親が先生をやってはいけませんし、家庭が学校になってはいけません。

(2) 画数の多い字はこう見よう

漢字の見方が変わる

前の項で「画数の多い字は難しい」というのはウソだ。「画数の多い字は易しい」のだといいました。画数の多い字の中の多くは下村式（口唱法）を用いて、唱えて覚えると楽なのです。

次にいくつかの例を使って、そのことを説明しましょう。

「層」（六年配当字）は何画でしょうか。

一四画です。一四画というと、画数のかなり多い字の部類でしょう。「さあ、この字は画数が多いから難しいよ」などと子どもをおどかさないでください。こうした字こそ「易しい」のです。それは、何度もいうように画数が多いから易しいのです。

「層」はどう覚えるのでしょうか——「コノソ田日（このそたひ）」です。「コノソ田日」「コノソ田日」と唱えながら、指で机の上に書いてみてください。この字の字形は「その他型」で「上から下へ」書いていくタイプの字型ですから、この順で上から下に向かって「コノソ田日」（尸と曽）と書いていけばいいのです。ほら、書けたでしょう。片仮名のコも、ノも、ソも、それから漢字の田も、日も、みんな一年生で習った字ばかりです。それなのに学校ではこの字を新しく出た漢字（新出漢字）として教えるときに「はい、手を上げてぇ〜」とやるのです。「一、二、三〜」と一四まで数えながら書かせるのです。あなたが子どものころ習ったのと同じ教え方です。あなたのお子様の担任の先生もこうして習ってきたのです。だから、こうして教えているのです。それだけしか、方法がないかのように…。

もし、あなたが子どもに教えたいとき、どういうやり方をしたらよいでしょうか。

「層」……ソウ

①「層」という字を大きく見やすくして示してください。

②「どう、覚えればいい？」とか、「この字は何型の字？」などと誘い水をかけてください。「層」は「上から下へ書いていく型」の字で「層」を組み立てている部品「コノソ田日」はすべて既に学習して知っている字であることをわからせてください。

③そして今、点画や部品に分解してみた「コノソ田日」の順で上から下に向かって書いていけばよいことを発見させてください。

④「じゃ、その通りに書いてみなさい」といって、一緒に「コノソ田日」と唱えてやるなり、唱えながら手拍子を打ってやってください。

以上のように、子どもには「層」という字は上から下へ書いていく型の字で「コノソ田日」と分解することができる、という目と頭を養ってやればよいのです。それだけでは物たりないというのでしたら、部首名を「しかばね」といい、体を硬直させてぴんと延ばしている姿や身体を表す符号で「尾、属、届、屈」などという字がこの字の仲間に含まれると、「しかばね」についての周辺情報を話してやるか、調べさせるとよいでしょう。

もう少し例を挙げて説明しましょう。例に出す字はどんな字がよいでしょうか。そう、そう、わたしの机の上に置いてある辞典を開いてみます。

「層」の次に同じ「ソウ」と読む字で「総」がありました。これにしましょう。

この「総」(一四画)だったらどうでしょうか。画数の多い字は易しい字だといいました。やってみましょう。

「総」……ソウ

まずは字形を調べます。「総」は「左から右へ型」で、左側(偏部分)は「糸へん」です。しかも右側のつくり部分は「上から下へ型」です。そして、その部分(つくり)は、片仮名の「ハ」と「ム」と漢字の「心」に見えます。ですから「総」全体では「糸へんに、ハム心」と唱えます。「糸へんに、ハム心」、易しいでしょう。

この「総」という字の構成要素、「糸」も「ハ」も「ム」も「心」もみんな一年生か二年生で習った字ばかりの字の集合です。この「総」という字が今日始めて習う字だとしても、「この字の書き順は…ハイ、手を上げて~」などとやることもないでしょう。「糸へんに、ハム心」この通りに唱えながら、順に書いていけばよいわけですから。

「この字はどんな部品の集まりですか」といって「糸へん」と「ハ」と「ム」と「心」との集まりだということが確認できればいいだけのことですから。

「窓」……ソウ

今見た辞典の、音訓索引の「総」の二つばかり前には「窓」という字が出ていました。これも同じ音読みで「ソウ」です。この「窓」でしたら、「うかんむりに、ハム心」です。なんということはありません。もし、丁寧に教えるのなら、「穴かんむり」の字形を教えてください。その場合は「穴かんむり」に「ム」と「心」となります。

「想」……ソウ

そして「窓」の次には「想」が出てきます。これも読みが「ソウ」だからです。これだってどうってことないでしょう。分解すると「木」と「目」と「心」ですから、「木目心（きめこころ）」でいいわけです。（「木目の心」と言わせるのも面白いでしょう）

大事なのは初めに字形を調べさせることです。三種の字形を思い出してください。「想」は「相」と「心」ですから、全体では「上から下へ型」ですが、上部の「相」部分は「左から右へ型」です。

第五章

「木へん」を書いてから「目」を書くわけです。

漢字はこういうふうに見ていくと面白く易しく思えるようになります。辞書を見るのも楽しくなります。

もう一個だけで終わりにしましょう。「磁石」の「磁」という字はどうでしょう。

「磁」……ジ

さて、この字は何画でしょうか。これもやはり一四画です。画数の多い字は易しい字でした。そしてうれしい字です。画数の多い字は易しい字ですから、これをどう唱えようかとわくわくします。

まずは字形でしたね。「磁」の字形は全体的には「石へん」に「玆」ですから「左右型」ですが、つくり部分は「上下型」です。ここを押さえておきましょう。へん部分は「石へん」ですが一年生で習った字です。

部品を調べてみましょう。「石へん」にカタカナの「ソ」と漢数字の「一」と「糸がしら」が二つ並んでいます。これもみんな一年生で習った字ばかりです。さて、これを　どう唱えましょうか。

「磁」…「石へんに　ソいちと書いたらくムとくム」どうですか、この唱え方は。

「石へんに　ソいちと書いたら　くムと　くム」「石へんに　ソいちと書いたら　くムと　くム」二、三度、唱えてみてください。唱え方の調子は、「♪たん　たた　たん、♪たん　たた　たん　たた、♪たん　たた　たん」です。

「♪石へんに　♪ソいちと書いたら　♪くムとくム」

この唱え方の調子に合わせて、書いていくのです。

子どもは漢字の部品遊びを作る

子どもはこの方法を応用してなぞなぞ（唱え方遊び）を考えつきます。
「さんずいにユ人は　なあんだ」…決
「サニムは　なんだ」…芸
「ひ　きょうは　なあんだ」…景（日と京）
「クを書いて　ヨの中長く　たてはねるは　なあんだ」…争

第五章

「ヨの中長く」というのは片仮名の「ヨ」という字の真ん中の横棒が突き抜けた形です。こうした形を持つ字には「君、事、兼」などがあります。常用漢字の字形で「縦棒が下まで突き抜ける字は片仮名のヨの真ん中も突き抜ける」という特徴があります。

「書」という字もそうです。「筆づくり」の字は縦棒が下まで突き抜けていますから、「ヨ」の横棒も突き抜けなければなりません。しかし「雪」はどうでしょう。「雨かんむり」の縦棒は下まで突き抜ける形でありませんから、「ヨ」の部分の横棒も突き抜けません。「雪」の場合、書き取りテストでは「ヨ」の横棒が突き抜けたらバツです。「急」も同じです。「兼」はどうでしょうか。「兼」は二本の縦棒が下まで突き抜けていますから、「ヨ」の横棒の部分も突き抜けなくてはなりません。「事」も同じです。「兼」は「ソ一と書いたら　ヨの中長く、たてぼう二本で左右に払う」と唱えますが、「ヨの中長く」は子どもたちの喜ぶ唱え方です。

こうした面白い唱え方は記憶に残ります。一度唱えたら忘れません。そればかりでなく、「ヨの中長く」を持つ漢字が他にもないかなと探し始めます。十個くらいはすぐに見つかります。

「よこ　たて　はねて　もちあげて」といったら「扌」（てへん）です。「フに右払い」といったら「又」（右手を横から見た形）です。子どもたちはこういうふうに覚えてしまいます。

子どもたちが口唱法遊びをするとき、出題者になった子が、「よこ　たて　はねて　もちあげて」というと、解答者側の子どもたちは「ははあ、『扌』のつく字だな」とわかりますから、自分の知っている「扌」を持つ字をいろいろと頭の中で思いえがき始めます。「投、打、指、拾、持、折」、担任の「担」…などと思いつくままに頭の中で「扌」のつく字が駆け巡ります。たくさん思い浮かべる子もいますし、二つ三つしか思いつかない子もいます。その違いは知っている漢字の記憶の多寡によります。

出題者側の子のことばは続きます。

「よこぼう書いたら　たてはねる」

解答者側の子は（あれ？　自分の予想していた字ではない！　別の字だ！）こうして問題を反復してみます。「よこ　たてはねて　もちあげて　よこぼう書いたら　たてはねる」心の中では、こう反復しながら、頭では口書き取りをしています。

（「よこ　たてはねて　もちあげて　よこぼう書いたら　たてはねる」か。なるほど、わかったぞ。打撃とか打者の『打』だ）

こうした思考過程を経て、その子の答えは決定されます。こうした思考活動が大事なのです。心の中で唱え書きをして反復練習をしているのです。子どものうちにこうしたことをたくさんやらせておくのがよいのです。

漢字の部品を探すコツ

「てんいち　ソいち」というと「立」ですが、この「てんいち　ソいち」を使って漢字広げをしてみましょう。子どもが喜ぶ遊びの一つです。

「にんべんに　てんいち　ソいち」は　なあんだ…位
「にんべんに　てんいち　ソいちで　下にくち」は　なあんだ…倍
「てんいち　ソいち　日を下に」は　なあんだ…音
「てんいち　ソいち　日に心」は　なあんだ…意
「にんべんに　てんいち　ソいち　日に心」は　なあんだ…億
「じゃあ、立つ　日の　心は　なあんだ」…これも同じく「意」です。
「では、音に心は　なあんだ？」…これだって同じく「意」です。いろいろにいえるものです。

こうした漢字広げの遊びに、子どもは非常に興味を持ちます。漢字嫌いの子がこうした漢字遊びのおかげで勉強（漢字）が好きになってしまったことがあるくらいです。あのわんぱくがその学年が終わるころにはクラスの漢字博士になって、生き生きしていたことを思い出します。

口唱法で学習をしたことのない普通の教室で子どもたちに漢字遊びをやらせると、わからない字や自分の知らない字が出てくると「まだ習ってないもん」といいます。習わない漢字は知らなくて当然だといった態度です。しかし、口唱法で学んだ子どもはそうしたことをいいません。彼らには学年の配当漢字、何年生の漢字などといった考えはないのです。漢字は日本語を書き表す道具だと知っているからです。次のような遊びさえも考え出しました。

イム…仏
イニ…仁
イニム…伝
イロホ…保
タタ…多
タト…外
ハム…公
ムロ…台
ナヌ…友

第五章

ナエ…左
＊ナロ…右↓（これは書き順が違うので誤りとします）
ツワロノロ…営
ウロノロ…宮
このように、カタカナだけで構成されている漢字を拾い集めてクイズを作り、楽しんでいる子どももいました。こうした子どもにとっては、漢字は遊びの道具であり勉強ではないのです。勉強というと嫌がる子どもでも、刺激の与えようによっては、こうも変わるものかと驚いてしまいます。
次も見てください。「学、営、覚、栄」などの漢字を例に話を続けます。これらはみな上部に「ツワ」を持つ漢字です。この「ツワ」を除いた部分はなんという字でしょうか。
学…子
営…呂（ロノロ）
覚…見
栄…木
労…カ

第五章

これは「ソ王」を集めたのと同じように「ツワ」のつく字を集めたものです。口唱法での学習に慣れてくると、こうした見方ができるようになります。こんな遊びができるようになった子には「ツワ」ばかりでなく「ノツ」の字もたくさんあると思うよ、といってやってください。そうすると子どもたちは素直に探し出すでしょう。「愛、受、暖、采、採、菜、授、綬…」などのように競争で探し出しをするでしょう。「いろいろあるものだね、なんと読む字か　わかったの?」と聞いてあげてください。そして「ついでに『一ノ目ハ』のつく字も探してみると驚くかもよ」とさりげなく言っておくのです。

漢字学習が脳細胞を刺激する

「一ノ目ハ（いちのめわ）」というのは「頁」（部首名・おおがい）です。

よこ　たてはねて「一ノ目ハ」　…頂
てん一　ソ一　ノをかいて、ノが三つで「一ノ目ハ」　…顔
一　口　ソ一　「一ノ目ハ」　…頭

第五章

日　一　たて　よこ　人を書き、右に大きく「一ノ目ハ」…題
米に　大きい　「一ノ目ハ」…類
よこぼうに　ノをつけて、たて　日に　小で「一ノ目ハ」…願
三ぼん川に　「一ノ目ハ」…順
ひとやね　チョンで　マを書いて　右に大きく「一ノ目ハ」…領
かなのマとフで　たてはねて、右に大きく「一ノ目ハ」…預

「一ノ目ハ」が「頁」だとわかっている子は、それまで自分の頭の中に雑多に入っていた「一ノ目ハ」のつく漢字を、こうして整理し始めます。そればかりでなく、ノートにまとめ始めるのです。勉強だとは思っていません。そうして「頁」がすべて漢字のつくり部分にあることを発見します。そして、この「頁」はどんな意味を持っているのだろう、どんな成り立ちなのだろうかと、調べてみたくなるのです。

これまでの漢字指導で、このように脳細胞を働かせ、刺激を受けて勉強とも思わずに積極的に調べたりする学習法があったでしょうか。

「ノ一」というと「生、毎、竹、梅、枚…」などを、「てん一」というと「立、主、率、育、卒…」

という具合に、それまで頭の中に入っていたバラバラの漢字を思い起こし、それをリスト化するなどということをするのですから素晴らしいではありませんか。

こうして脳を刺激し、本来、子どもの持っている好奇心・頭の働きを活用して、自分でそれ以上多くの「ノ一」のつく字を探そうとするのですから驚きです。「お母さん、漫画買って！」とせがまれることはあるでしょうが、「お母さん、辞典買って」とせがまれた母親が何人もいるというのですから、これまた驚きです。

口唱法は、文字を筆順に従って唱えながら書く方法ではありますが、このように頭の中にバラバラに入っていた（覚えていた）漢字を、共通性をもった部品のグループとして、整理、統合する頭の働きを促す効果もあるのです。

（3）字形の似た字はこう教える

部品が似ていても間違わない

大人でも子どもでも同じですが、「字形の似た字」というのは紛らわしいものです。

「ころもへん」（「衤」・衿など）と「しめすへん」（「ネ」・祥など）、鳥と烏、凄いと淒い、崇めると祟る、これらの字の違いがわかるでしょうか。こうした字はともかくとして、小学生が習う漢字でも「拾」と「捨」などは形が似ていますから紛らわしい字です。

こうした漢字は「扌」（てへん）と限らず「ごんべん」でも「にんべん」でもそのほかの字でも多々あります。字の形が似ていて間違いやすいとか、字をきちんと覚えていないので間違いやすいということに関連しています。

ある調査によりますと「待つ」を「持つ」にしたり、「名札」を「名礼」と書いたりする誤りが多いということです。しかも四年生の配当漢字にそうした誤りが多いそうですが、速く書こうとして字形が雑になることも原因になっていそうです。しかし、それればかりではないのではないでしょうか。確実に字形を覚えていないところに原因がありそうです。「札」ならば「木へんに　たてまげ　はねる」と唱えて覚える、「礼」ならば「ネをかいて　たてまげはねる」（しめすへんに　たてまげはねる）と意識させて覚えさせておくのです。こうした字の学習のときは、字形の似て間違いやすい字は取り立て指導をしておくくらいのキメ細かさが必要です。「ころもへん」と「しめすへん」のでき方の違いを教えるとか、成り立ちの面白い授業ができるではありませんか。

漢字に興味があり、親切な教え方をする先生は、形の似た字を指導する場合、似ている漢字、たとえば（札と礼、輪と論、矢と失、工と土、未と末など）を教える事前に両者を併記して違いをきちんと意識させる教材を用意しています。

現在の日本文は「漢字と仮名を交ぜて書く」そして「その際の仮名は平仮名とする」ということになっており、常用漢字（二一三六字）の範囲内で、普通の文章ならばまかなえるようになっています。最低限、小学校で習う学習漢字（一〇〇六字）をしっかりと使えれば、学習漢字と仮名文字だけで、どこに出しても恥ずかしくない文章が書けるわけです。

ですが、漢字の苦手な人には小学校の漢字とはいっても一〇〇六字もあるわけですから、かなり似ている漢字で面倒だなあと思う人もたくさんいそうです。同じ「へん」のつく漢字もたくさんあるからなあと思うかもしれません。実際に見てみましょう。

てへん…二二字（例・拾と捨など）
ごんべん…三三字（例・認と誌、話と語と談など）
にんべん…四五字（例・使と便、体と休など）

第五章

同じ部首内の字といっても抜き出してみるとこんなものです。学習するときにきちんと意識して教えてくれる指導者ならば、十分対応してもらえるものだと思います。

では、同じ「部分」のつく字はどうなのでしょうか。どんな字があるでしょう。すべてを抽出するのは大変ですから、ほんの少しだけ「か行」を主に出してみましょう。

カク…各（客、落、格、額、略、閣、洛）
キ　…己（記、配、起、記、紀、改）
コ　…古（胡、湖、固、個、居）
コウ…工（空、功、紅）
ゴウ…合（答、拾、給）
コク…谷（欲、浴）
コン…艮（根、銀、限、眼）
サイ…才（材、財）

シ　…士（志、誌）
ジ　…寺（時、持、待、詩、特）

このようにして抜き出して並べてみると、似た部分を持っているからといって、さほど間違うということもなさそうです。数が多いかなと思って抜き出してみた「青」でさえ、
セイ…青　↓　晴、清、静、精、情
の、六字だけでした。似た字が紛らわしいというけれども、こうして並べてみると、そんなに紛らわしく覚えられないというほどでもありません。
最後に「ジ」…「寺」でさえ、時、持、待、詩、特ですから、特に間違えやすいこともないでしょう。

「晴れ」を間違えたとしても「清れ」とは書かないでしょう。また、「入浴」を「入欲」と書くでしょうか、もし書く人がいればその原因は「浴」と「欲」の字が持っている意味を理解していないということでしょう。
こうした子どもには漢字指導のとき、「漢字はことばだ。一字、一字にその字その字の意味が

第五章

ある」ということをしっかりと理解させれば解決することです。ここが平仮名や片仮名のような表音文字と表語文字との教え方の違いなのですから。

大事なのは点画の書き分け

漢字の間違いということでいえば、次のようなことが問題は大きいと思います。

①きちんと書き分ける

「未」と「末」は字形がよく似ています。だからと言って、これらの字を書くとき横画の長さに意識を持たず、どちらも同じ長さに書いたらどうなるでしょう。「土」と「士」もそうです。上が長いか、下が長いかで字そのものが変わるわけですから大変です。

「土」と「工」も縦棒が上まで突き抜けるか、突き抜けないかで文字そのものが違うのですから、こうした字では一点一画をおろそかにはできません。「東」と「束」だって、真ん中部分が「日」か「口」かで字そのものが違うのですから、きちんと口で唱えながら、確実に覚えるのがよいことがわかります。

②点画の接し方、見方の訓練

ことに一年生などに多いようですが、点画をきちんと書くことができないため誤字扱いされることがあります。自分は正しく書いたつもりでいても、「右」が「石」になっていたり、「千」が「干」になっていたり、「已」「己」「巳」の書き分けができなかったり「才」と「扌」が定かでなかったり、そうしたことが原因で、漢字テストでバツになることは多いようです。

初期学習の際のいい加減さの表れといえるでしょう。「才」と「扌」の区別などは簡単にできることです。口唱法では「才」は「よこぼう　たてはね　ノをつける」と唱えますし、「扌」はご存知「よこ　たてはねて　もちあげて」です。斜め棒の部分を片や「ノをつける」とし、「扌」の方は「もちあげる」ですから運筆そのものが違います。

ここの部分を同じにしてしまうと「才」だか「扌」だか、区別がつかなくなります。こういう子どもの多くは、いわゆる「止め・跳ね・曲がり・反り・交わり・方向・長短」など、字形学習の基本ができていないわけですから、そうしたところの見方がわかれば解決です。

片仮名の「ン」と「ソ」、「ツ」と「シ」の書き分けも同じことが言えます。ある地方へ行ったとき、そのあたりでは「ツ」と「シ」の違いは「テン」の打ち方や方向ではなく、三画目の「斜め」部分の書き方だというのです。誰に聞いても同じですから驚きでした。口唱法では「ツ」は「よこに　てん　てん　斜めにぴゅう」と唱えますし、「シ」は「上から　てん　てん　持ち上げぴゅう」と唱えます。こうすると、字形も間違えることがありません。

漢字では、よく問題になるのが次のようなことです。例を出して考えてみましょう。

（例1）「王さま」の「王」という字の、よこ画三本の長さは、どのように書かなければ間違いになりますか。

①三本とも同じ長さにしなければならない

②上と中の横棒は同じ長さで、下の横棒は最も長くしなければならない

③真ん中が一ばん短く、一ばん下が一ばん長くなければならない

（例2）では、この「王」と、「皇」の「白」部分の下につく「王」とは同じか、異なるか。異なるとしたら、どう書き分けるか

（例3）「皇」の「白」部分はどう書くのが正しいか

①「皇」の上部「白」部分の第1画目「ノ」は2画目の縦棒と繋げるのか

②それとも3画目の横棒と接触させるのか、あるいは離すのか

（例4）これも「皇」の「白」部分に関して。

①左右の縦棒は真っすぐ平行に下ろすのが正しいのか

②心もちすぼまりになるようにするのが正しいのか

（例5）あなたが出題者。教育漢字「天」という字の書き方テストをしたとします。

①「天」には2本の横棒がありますが、この横棒は上が長く、下を短く書かなければ間違いだという先生がいますが、それは正しいか。

②正しいとしたならば、上下の横棒の長さは何対何くらいでなければならないか。

③「正しい」とはどういうことか。長い、短いの判断はだれがするのか、どのようにするのか。

あなたには標準字体と寸分違わず書くことができ、正しく「天」が書けるか。

先生方はみんな考え方が間違っています。字体については「あくまでもこの表にある通りの書き方でなければ間違いだ」とか、点画の向きはどうだとか、長さはどうだとか言い合いますが、そうすると「〈これは標準だ〉と書いてあるから、この通りでなくてよいのだ」と反論し、「漢字には許容というものがある」などと言い合って、最終的には何もわからないといった結果になるようです。

「字体の標準」とはどういうことなのか、正しいとはどういうことか、などということを冷静に考えて理解してもらわないと、間違った指導をしてしまいます。ふだんのテストでも、入試の採点にしても然り…恐ろしいことです。人間が手で書く文字です。フォントのように書ける

第五章

はずもありません。何をばからしいことを言い合っているのでしょうか。『漢字テストのふしぎ』というビデオ（長野県梓川高等学校・放送部制作）という日本ビクター㈱主催で開催された東京ビデオフェスティバル大賞受賞作品を見ていたら子どもたちの質問に教師たちがたじたじになり、子どもたちの質問の「結局、漢字テストで先生たちは何を見ているのですか」という質問に、最後には「結局は図形かな」と答えていましたが、これが真剣な子どもの問いに対する教師のことば（返事）ですから、驚きました。笑止この上ないビデオでした。

これが日本の学校での教師の実態なのでしょう。本当に正規の教員免許を持っている現役教師なのでしょうか。いやはや、お寒い限りです。

（4）書く練習はどのようにするとよいか

写し書きこそ最大の効果

では、漢字の書き訓練はどのようにすればよいのでしょうか。それは昔ながらの「写し書き」、これがなかなかバカになりません。口唱法による書き順練習に習熟したら仕上げとして、教科

第五章

書文の写し書きをさせるとよいでしょう。

学校ではよく漢字を五字ずつ書くとか、ノートに一行ずつ書くといった練習をするようですが、家庭では学校でやる方法をまねるのでなく、学校でやらない方法、しかも、それ以上の効果を上げる方法でやらせたいものです。

それはなんといっても教科書の文章の「写し書き」です。視写学習です。学校では、漢字リレー、漢字の足し算・引き算、筆順競争、カード取り、カード並べ、フラッシュカード、書き取り練習帳（字形・意味・読み方・熟語・送り仮名・類似など）部首別漢字練習など様々な学習方法で指導します。しかし、文字の指導には learning by writing がいちばんです。

漢字は書くことによって覚えます。「写し書き」などというと単純で素朴な方法だというかもしれませんが、これが大事なのです。なのに、学校ではこうしたことに手を抜いてしまいます。時間がないからそこまでやれないということなのでしょう。

教科書を見ながら、きちんと写させましょう。作文でも日記でもよいのですが、自分で文章が作れない子もいますので、そうした子どもは教科書の文章の写し書きがよいのです。そのためにはノートを買って与えてください。一年生でしたら一・五センチ角、二年生でしたら一・二五センチ角、三、四年でしたら一センチ角、五、六年でしたら〇・八センチ角ぐらいのノートがいいでしょう。中学生以上の場合はこれを目安にした縦線のノートでも結構です。できるだけ大きな字を書く習慣をつけさせたいものです。

写し書き練習で気をつけること

書きの練習の際、いつでも気をつけさせたいことは端的にいうと、次の三点です。

①ゆっくりと一点一画よく観察して、唱えながら書かせること。

そうすることによって、自分の思っていた形や点画と違う字がたくさんあることに気づきます。たとえば、教育漢字では「根」の「艮」の最後は「左右にはらう」形になっていますが、同じ「艮」を持つ字で「退く」の場合は払わないで「止める」形になっています。そんなことに気付くと「限」や「眼」は「止める」のだろうか「払う」のだろうかと気になります。こうなれば一人前の漢字学習者の仲間入りです。

「夏」という字の「一ノ目」の下の「夂」(すいにょう・なつあし)を書くとき、「ノフ、右払い」の順に書くことは知っていますが、この形が「フ」の払いが初めに書いた「ノ」よりも短く書くのか、長く書くのか、知っているでしょうか。大きなマスに大きな字を書けば、こうしたことまでも気づくようになります。子どもの字がそれまでと大きく変わってきますから、親としてはその進歩に目を見張ることでしょう。

さらに漢字一字のバランス、例えば左右型の字の場合、へんとつくりの位置や大きさをどう見るか、といったことも大事です。漢字指導は書写指導でもあるわけですから「よく観察して」といいましたが、「和」を例にいえば、禾へんとそれのつくり部分の「口」との大きさ、「口」の位置は禾へんのどのあたり（位置）から第一筆が入るか、禾へんの縦棒のどのあたりで止めるか、「禾」と「口」との大きさの違い、バランスはどうなっているかなど、注意深く観察させ、確認しあうこともさせましょう。

「唱」ならば「口へん」のあり方とつくり部分の「昌」との関係、へんの画が少なくつくり部分の「昌」が大きさも画数も多いから、口「へん」は「昌」の上の「日」のあたりの位置に書くんだな、などと発見させてください。「昌」部分の上の「日」と下の「日」の大きさ、書き方が異なることも気づかせましょう。「日へん」の方の「日」と「日」（いわくの部）とはちがいます。

「字を書く」というとき、「正しく書く」といいますが、正しくとはいわゆる正しくばかりでなく、長短の問題、左右の大小の問題、バランスの問題など、書道的、書写的部分を含んで「筆順に従って正しく書く」という学習が行われるわけですから、結局、美しい字、きれいな字、正しい字で書けるように指導は行われなければなりません。

②「跳ね・止め・払い」といった筆遣いもしっかりと教えましょう。

左払い、右払い、跳ね、止め、点画のつけ離しなどの基本に忠実に書かせること。今の説明と似ていますが、左払いや右払いを使う字はたくさんあります。「左に払って、右払い」と唱えながら書くことによって書いた字が美しく、生き生きした字に見えてきます。このことによってどれだけしっかりした字が書けるようになるか、計り知れません。そうした学習を始めて一カ月もすれば見違えるような字が書けるようになっています。

小さな字を書いていたのでは上手にはなりません。上手な字が書けるようになれば本人の励みも大きくなります。書道塾に行くのもよいですが、まずは自分で「字を見る目」を養わせてください。ただ筆順を「こう書いて、こう書いて　こう書く」だけでなく、字形、長短、方向、位置などにも目を向けるように仕向けてください。

たとえば「王」と「皇」の教科書体の字形を比べてみてください。先にも言いましたが、「皇」

の「王」部分は単独の「王」と同じでしょうか、書体によっては三本の横棒が同じ長さになっているものもあり、一番下の横棒だけが長くなっているものがあり、真ん中の横棒が短くなっているものもあります。これはどれが正しくどれが間違いというものではありません。使っている教科書の書体を標準書体とみて、子どもたちとは話し合っていただきたいものです。

こうしたことにこだわれといっているわけではありません。こだわるのは愚かしいことです。字体の標準というのは、あくまでも標準なのであって、「この通りでなければ間違い」というものではありません。

「こうでも間違いではない」という書き方はいくらでもあります。あえて許容などということもないくらいです。教科書の字と同じに寸分間違わずに書けること（人）などないのです。長短、方向、バランスなど意識して見る習慣をつけてやることが大事です。そうしたことによって、子どもは必ず何かしら発見するものです。その発見が大事なのです。

③練習時の字の大きさは大事です。

一定のます目（または行）の中に小さすぎずにいれること。書き取りというと『漢字書き取りノート』など市販のものを想像するでしょうが、そうしたものはいりません。教科書の文章

第五章

をそっくり視写するのですから教材会社の作った漢字ドリルなども必要ないのです。

全体のバランスとか、漢字と平仮名の大きさとか、習字的なことをいえばいろいろありますが、そうしたことは一応意識しながら、あまり気にせずに書かせましょう。

初めは字が小さくなりがちですから、なるべく大きくしっかりしたメリハリのある字を書かせましょう。きちんとした文字を書くことは、それを生かしたことばの学習になるのです。文字の本来の機能はことばの表記にあるのですから、「教科書文を写す」という練習は必ず良い結果を生みます。

第六章　書き順をめぐる混乱

第六章

（1）書き順と『筆順の手引き』

幻の筆順の手引き

口唱法は文字を書き順どおりに口で唱えながら書いて練習する方法ですが、書き順については子どもたちと限らず、大人でもいろいろと混乱があるようです。「左」や「右」は多くの人が驚くことで有名な漢字です。そのほかには、「飛」「必」「皮」「耳」「成」「冊」などの書き方もよく話題に上ります。

数年前から、最近でもまたテレビなどで筆順クイズのようなものがあり、タレントさんなどを中心に筆順の正誤について盛り上がりを見せているような番組もあります。

小学校では、昭和三二年に当時の文部省が発表した教育漢字八八一字の『筆順の手引き』（現在は廃刊）が今でも援用されて、それをもとに現在でも指導されています。それには、大原則1（上から下へ）と、大原則2（左から右へ）に続いて、原則1から原則8までがありますが、拘束しているものではありません。

『筆順の手引き』には、原則のほかに例外がかなりありますから、そうしたことも数ある漢字

第六章

の筆順を混乱させている原因になっているのではないかと思います。「これでもよい」し、「あれでもよい」というのがネックになっている…ともいえそうです。現場の先生たちは「正解は一つにしてくれ」が本音のようです。

強制ではありませんが、「上」は①「̄|̄」でも②「|̄ ̄」でもよいといいながら、小学校では②の方式で書くように教えていますから混乱が起こるのだと思います。混乱しないためには一つに統一することがよいのでしょうが、そんな権限を持つ人や役所があるでしょうか。また誰もが納得する順序など何千年の歴史に支えられてきた漢字ですから出来るはずもありません。文部科学省でさえ、あの『筆順の手引き』についての刊行時の法令はなかったことにしてくれといっています。

先日、わたしの若い友人(この人も教師です)が「有」の書き順はどっちだ…と聞きにきました。「ノ一」なのか「一ノ」の順なのかというわけです。「どっちでもいい」というのがわたしの答え。彼は不満そうです。一般的には「有」は「右」という字と同じで「ノ一」の順だと教えてあげればよいのでしょうが、わたしはそういいたくないのです。そもそも筆順など決めるものではなく、長い年月の間にできてきたものです。

書いているうちに「そう書くのが便利だ」とか、そう書く方が「書きやすい」とか、「形が作りやすい」とか、そうしたいろいろな理由によって、人々の間に定着していったものです。法律のように誰もが守らなければならないなどというものでもありません。長い年月のうちのそうした習性が生き、大多数の人が誰でもそういう順序で書くという書き方が定着してきたものですから、この順序で書かなければならないと「決める」などというのはおこがましいことです。そんな問題でもありません。

人間の知恵というのは大したもので、だれが書いてもそうなるとか、その順序で書いた方が美しく書ける、速くきれいに書ける、しかも書きやすいなどといった書き方というのはあるわけです。そうしたものの集積が現在の筆順になったものだということはおわかりになると思います。

文部省（当時）も出した『手引き』があたかも、きまりのようにとらえられ、そして反論もありで困惑し、あわてたのではないでしょうか。しかし、よく考えれば目くじら立てることもないでしょう。わたしたちも筆順は一つだけが正しく他の書き順は間違いだというのではなく、字によっては何通りかの書き順があり、その書き順の「ちがい」なのだと解釈すればよいのではないでしょうか。

美しくて字形が良くなるという書き順

さて、『筆順の手引』によると、原則8に「横画と左払いが交錯している字」で、「①横画が長く、左払いが短い字では、左払いを先に書く」という記述があります。これが「有」に当てはまります。「有」は「ナ」の部分が「横画が長く左払いが短い字」に該当しますので、手引きによれば「ノ一」の順で書くことになります。「右、布、希」などがこの書き順に該当します。それにたいして、「②横画が短く、左払いが長い字では、横画を先に書くという順に書く」字もあります。それに該当するのが「左、友、存、在、抜」などです。「左」と「右」の書き順が違うのはこうした理由からです。「右」の字形は「ノ」が短く、それに続いた「一」が長いですが、「左」は「一」棒を短く書いてから「ノ」を長く書くという順序と字形を持っています。

次いで「上」です。

「上」は『特に注意すべき筆順』の中で（1）「広く用いられる筆順が二つ以上あるもの」です。「止、正」の「止」の部分、「足」の「口の下の部分」、「走」の「土の下の部分」、「武」の「止部分」は「一｜」の筆順しかありません。これに対して、「上、点」の「卜の部分」、「店」の「トの部分」などは「たて、よこ」の順に書くことも「よこ、たて」の順で書くことも行われますから、どちらが間違いということはできません。ただし、小学校では「たて、よこ」の順を教えています。

「界」は原則の2に「よこ画とたて画が交錯した時は、次の場合に限って横画を後に書く」というのがあり、「田」や「田の発展したもの」が「次の場合」に当たります。したがって「田」の「十」部分は「たて、よこ」の順で「横画を後に書く」ということになります。そういうわけで、世界の「界」の「介」の上部にある「田」の中の「十」は「たて、よこ」の順に書くのがよいというわけです。

とはいっても、これは『筆順の手引き』を援用した場合の話で、何度も言いますが、一般の人たちが一般の文章を書く場合にこうでなければならないということではありません。左利きの人でたまにとんでもない書き方をする人はいるようですが、ふつうは突拍子もない書き方をする人はあまりいませんから、そんなに目くじらを立てて言い合うこともないと思います。そんなことより、美しく、字形のよい字を書くことに専念するのが得策でしょう。

（2）漢字は口で唱えながら書くのがよい

結局は一定の筆順に従って…が得策

書き順を覚えるには、口で唱えながら書くのが最も覚えやすく得策だと思います。口で唱えながら書くということは、「手本をきちんと見る」という行為ばかりでなく、その過程で手を使い、口を使い、頭を使い、そうしながらよく見て書くことによって手が覚えるという、身体の各部を使った行動があるからです。

しかもよいことに、漢字は、同じ、あるいは似たような部分を持つ字が多いので、同じ漢字や同じ部分はいつも同じ書き順で書くということになります。これがいわゆる知らず知らずのうちの習熟につながります。

常用漢字には一定の形があります。たとえば「雪」という字の字体をじっくりとみると、「雨かんむり」の下の「ヨ」の部分は真ん中の横棒が右側に突き抜けず、片仮名の「ヨ」の形になっています。「急」もそうです。ところが「君」や「事」や「律」では、横棒を突き抜けて書きます。

常用漢字の字形の特徴として「ヨの形の下まで突き抜ける縦棒を持つ字は、ヨの真ん中の横棒も突き抜ける」ということのようなのです。「君」は下に突き抜けた「ノ」があり「事」や「兼」は上から下まで突き抜けた縦棒があります。こうした字はヨの真ん中の横棒も突き抜けて「ヨの中長く」という書き方になりますし「雪」のように縦棒が「ヨ」の下まで出ない字は「ヨ」の横棒も突き抜けないのです。「急」も同じです。「ク」の次の「ヨ」は突き抜けません。「クヨ心」です。

「建、筆、律、争…」などは縦棒が下まで突き抜けています。こうした字は「ヨの中長く」なのです。「ヨの中長く」というと子どもの頭の中には「肀」の形が思い浮かんできます。「それぞれの文字の同一の構成部分は一定の順序によって整理されていることが学習指導上効果的であり、効率的でもある」（『筆順の手引き』）という通り、「ヨの中長く」と唱えることによって、この部分を持つ漢字が頭の中に想起する脳の働きが起こります。このことは漢字を覚える上で非常に便利であり、大きな利点でもあります。

「青」の上部を「一丨一一」の順に書く子どもと「一一一丨」と書く子がいます。どちらでもよいといえばそれまでですが、普通は「一丨一一」の順で書きます。そこでこうした部分を持つ字は、すべて「よこ　たて　よこ　よこ　～」と言いながら書かせるようにすると、書き順の誤りが直ります。「青」の場合は、「よこ　たて　よこ　よこ　月を書く」です。

『筆順の手引き』では『ここに取り上げなかった筆順についても、これを誤りとするものでもなく、また否定しようとするものでもない』と言い訳がましく書いてありますが、このように書き順が二つ以上あるものは例外中の例外です。二つ以上の筆順が通用するものは「馬、飛、必」などです。

一定の筆順に従えば形も整えやすい

筆順の必要性の一つには「速く、整えて」書くのに便利だということが挙げられますが、経験からいうと「何」という漢字には日本全国どこに行っても、二つの書き順があります。おもしろい現象です。前章の口唱法のところでも書いたとおり、その違いは次の通りです。

①「イを書いて、一口亅」のように、「亅」を最後に書く
②「イを書いて、一亅口」のように、「口」を最後に書く

小学校では①で教えています。口唱法では「にんべんに　よこいち　くちで　たてはねる」と唱えます。

同じように「寸」を「よこ　ちょん　たてはね」の順序で書いたらどうでしょうか。「寸」を速書きしたものが、平仮名の「す」になったといいますが、この書き順では「す」の形はできません。

①「一亅丶」

②「一丶亅」

漢字の書き順は右手で書くことを想定して「左から右へ」「上から下へ」という大原則があります。「何」や「寸」もその原則に沿っています。「寸」は「よこぼう　たてはね　、(てん)つける」と唱えます。それぞれの字を実際に書いてみれば自然にスムーズに筆が運べるか、違和感を持つかということがわかります。違和感のない書き方、だれもが納得する書き方、これが書き順が固定していく過程だろうと思います。「筆順の決まり」などというと、強制のように聞こえますが、実際はそうでもなく理屈にあったものなのです。

自己流に書いていくと字形も整わなくなり、速書きしたり崩した字を書いたりしたとき、読めなくなることがあります。同じ略すに

しても、だれでも同じように見える字形にするために略し方も同一にしておくのがよいのです。その良い例が草書や行書です。

早い話が「必」を「心」を書いてから「ノ」を書くと「必」の形にはなりません。「飛」も書き順が違うと筆の運びにぎこちなさが残ります。

種々の要件を考えてみると、文字指導の初歩段階に一定の決まりに従った書き方をさせることが、学習の効率につながることは明白です。書き終わった字体が正しければどういう順で書こうとよいではないかという意見もないではありませんが、漢字は「山」や「川」ばかりではありません。複雑な組み合わせの字がたくさんありますから、けっきょく一定の筆順に従って書くことが漢字を覚えやすくすることにつながります。（ことに文字を学ぶ初期のころから）

(3) 筆順の大原則は決まりではない

もし、文科省と限らず、だれかが、あるいはどこかの出版社が『筆順指導の手引』みたいなものを作ろうと思えば、必ず大原則として入れるだろうと思うのが、「上から下へ」「左から右へ」。この二条件は筆頭に持って来るだろうと思います。漢字を書くには、この二つは基本中の基本なのですから。

旧文部省が一九五八年に作った筆順の指針もそうでした。なぜそうなるのかというと、「上から下へ」型と「左から右へ」型の二つで使用漢字の大半（八〇パーセント以上）を占めているほどだからです。

筆順の大原則「上から下へ」「左から右へ」は言われるまでもなく、だれもが自然にそう書いていることです。たとえば「音」という字を書くのに、「日」を書いてからその上に「立」を載せる人はいません。同じように、意見の「意」は「音」を書いてから「心」を続けるのが一般的な筆の流れです。漢字の書き方は上の部分から下の部分へ続いていきますし、原則的には左側を書いてから右側に移ります。

「上から下へ」の字…音、元、家、言、苦、華など
「左から右へ」の字…川、位、移、動、絵、雄など

曲者《くせもの》の筆順もある

ところが、数ある漢字の中には曲者もあります。「しんにょう」のついている字「道」や「遠」

第六章

などは「辶」を最後に書きます。「誕」などという字のように「言べん」を書いて、次に「一番右側」を書いて、最後に真ん中部分の「夂」を書くという字もあります。「楽」は上の真ん中の「白」を書いてから、両側の「ン」と「く」を書いて、最後に下の部分の「木」を書くという順で書きます。

しかし、よく見ると「誕」は「言べん」と「延」との合わせ字ですから、左の「言べん」を書いてから右側の「延」を書くというわけで、理屈には合っています。「えんにょう」や「しんにょう」はいちばん最後に書くということになっているわけです。

そして「楽」の場合は、これも「上から下へ」の原則通りに上の部分を書いて、下の「木」を最後に書くという方法です。また、「ただし」ということばを挟みますが、上の部分が「左・中・右」の三つに分けられる字の場合は「中が先」という原則3に従って「小」などと同じように、(上の部分は)中の「白」を書いてから左の「ン」を書いて、右の「く」を書くという具合になるわけです。

口唱法では「白を書き　左にンで　右にはく　そしてさいごに　木をつける」と唱え

白をかき
左にンで
右にはく
下におおきく
木をつける

ます。特別なものは「飛」「必」などです。これらはいろいろに書いている人が多く、固定していると見ることができません。ですから、こうした字については「絶対この順でなければならない」とは決められません。

こうして筆順を概観してみると、漢字には多様なものがあり、画一的には決められないことを考え、かの文部省刊の『筆順の手引き』でも、『本書に示される筆順は、学習指導上に混乱を来たさないようにとの配慮から定められたものであって、そのことは、ここに取りあげなかった筆順についても、これを誤りとするものでもなく、また否定しようとするものでもない』といっていますし、『本書に取り上げた筆順は、学習指導上の観点から、一つの文字については一つの形に統一されているが、このことは本書に掲げられた以外の筆順で、従来行われてきたものを誤りとするものではない』と明示しています。

筆順に正しいはないが…

随所で繰り返しましたが、筆順に「正しい」はありません。わたしたちが正しいと考えているのは、『筆順の手引き』が正しいものと肯定した筆順から見た場合をいうことが多いのですが、今、右に書いたように、同書では、あくまでも『学習指導上に混乱を来たさないようにとの配慮から』定められたものであり『ここに取りあげなかった筆順についても、これを誤りとするものでもなく、また否定しようとするものでもない。』と明言しています。

しかし、先に紹介したテレビ番組のように、この点についての理解が欠けて、あるいはこの部分を無視して、基準として刊行された筆順がいつしか理解不足が輪を広げ「正しい筆順」として教育現場に浸透していったのかもしれません。

こうして見てくると、各所で行われている筆順の正誤問答は、教育の面から見てもあまり良い結果を生まないのではないでしょうか。文字の働きという観点で考えると、幻の筆順指導に惑わされて「正しい、間違い」などと論議するよりも、速く、美しく、整った、そして わかりやすくしっかりした字を書くことに力を入れるのが本流ではないかと思うのですが、どんなものでしょうか。

わたしの知っている書道塾などでは字形の「整え易さ」にかなり力を注いでいるということでしたが、こうしたことを子どもたちに実感させることも指導の一つのポイントではないでしょうか。そのために文字によっては一般に行われているいくつかの書き方があってよいのではないかと思います。

ここらでちょっと一休み

【練習問題】次の漢字はなんの部でしょうか。

「要」の部は…（　　）の部　　答：西

「票」の部は…（　　）の部　　答：示

【本番問題】

【問 1】次の漢字の部の名前はなんといいますか

1「化」…ヒ（　　）の部

2「次」…欠（　　）の部

3「視」…見（　　）の部

4「料」…斗（　　）の部

5「功」…力（　　）の部

【問 2】つぎの漢字の部を答えなさい。

1「憲」…（　　）の部

2「参」…（　　）の部

3「夢」…（　　）の部

4「務」…（　　）の部

5「主」…（　　）の部

【問 3】次の五つの漢字にはどれも「氵」がついていますが、一つだけ部のちがう漢字があります。それはどれか、番号で答えなさい。

1「海」　2「酒」　3「汽」　4「漢」　5「泳」

答えは次ページ

第七章　子どもが使える辞書索引を作る

P.185の答え：問1　1ひ、2あくび、3みる、4とます、5ちから　問2　1心、2ム、3タ、4力、5丶　問3「酒」だけは、酉の部

（1）辞書を見て気づくこと

子どもが自力で使える索引があるか

子どもが文字を覚えようとするとき、親や教師、兄姉などの力を借りずに自学自習するための参考になる本といえば、漢字辞典（字典）の類だと誰もが答えるでしょう。ですから親も教師も子どもに辞書（字書）を買い与えます。買ってもらった子どもはその辞典を熱心にずっと愛用していますか、あるいは、よく活用しているでしょうか。

漢字や国語の辞書、辞典類には必ず初めのほうに、その辞典の使い方とか、凡例などと共に索引というものがついています。索引というのは一定の手づるによって調べようとするその文字やことばなどがすぐに探し出せるように作ってある目録といいますか、いわゆるインデックスです。

漢字の辞書にはだいたい三種の索引がついているのが普通です。部首索引、音訓索引、総画索引といわれるものです。辞書の製作者は、その三種の索引さえそろっていれば辞典（字典）の字の検索は子どもでもできるものだと思って、満足しているのでしょう。あるいは辞典の形

第七章

式はその三種の索引があれば一応そろっていると安心するのでしょう。そのためか、これらの書物にこの三種の索引以外に、もっと容易に探し出せるような索引、インデックスともいうべき検索手段は見当たりません。

本当に、その辞書を使う子どもの身になって、どの子にもこの辞書を使って学習に用立ててもらいたいと思って作っているのでしょうか。子どもと限らず大人であっても外国人であっても同じです。これらの辞書が子どもでも引きこなす（有効に使用する）ことができるようになっているということは、辞書というものの根本（あるいは中心）になる大事な要素です。まさしく辞書の心臓です。それができなければその辞書は致命的な欠陥商品だということになるでしょう。

もし、小学校一年生や幼稚園児、あるいは漢字を知らない外国人が、読みがわからない字を調べたいというとき、彼らはどのようにして自力で探し出すでしょうか。辞書を引くときに、だれでも必ず世話になる部首索引、総画索引、音訓索引という三種の索引を、その一年生や幼稚園児、あるいは外国人が果たして使いこなせるのでしょうか。そのことを考えてみましょう。
——ところで、「辞書の学習」は大体小学四年にならないと学校では取り扱いません。これはなぜなのでしょうか。四年生にならないと使ってはいけないからなのでしょうか。

第七章　子どもが使える辞書索引を作る　　188

探すだけで一苦労の総画索引

読みがわからない字を調べるとき、三つの索引のうち音訓索引はすでに使えませんね。最初に、総画索引で探すことを考えてみましょう。

漢字の画数を数えるのは誰でもできそうに思えますが、意外と簡単ではないことがわかります。あなたは以下の字の総画数がわかるでしょうか？

口…上の横画と右側の縦棒がつながって一画と数えることを知らないと正しい画数がわかりません。答えは三画ですね。

乙…これは何画でしょう？　知識として知っている方以外は、ちょっと迷うと思います。なんと一画です。

丸…四画と思う方もいるかもしれません。三画です。

牙…五画と思った方はいませんか？　四画です。ただし、芽は八画です。

飛…画数が多くなってくると、わかっていても数え間違えそうです。ちゃんと数えられましたか？　九画です。

第七章

もし正しい画数がわかったとしても、検索するにはまだしなければならないことがあります。それは、ずらりと並んだ漢字の列から調べたい漢字を探すことです。小学生用の辞典でも、八画の字は一一二字、一二画の字は九九字とたくさんあります。ましてや一般的な漢和辞典だと、いちばん多い一一画で八〇〇字から八五〇字もあります。そして当たり前のことですが、画数を数え間違っていれば、その漢字列の中を一生懸命探しても、見つけたい字にはたどり着けません。

難しい部首索引

漢和辞典の索引には、このように数々の問題がありますが、ことに部首索引というのは、辞書を引く人を尻込みさせ、敬遠させてしまうマイナス要素を持っていると思います。

現在使われている辞書の部首というのは、中国・明の梅膺祚(ばいようそ)という人の作った『字彙』という本が元祖だといわれています。この本の二一四の部の分け方がそれまでにあった『説文解字』や『玉篇』という辞書の分け方と比べて非常に便利でした。

それで、その後は明の張自烈の『正字通』や清の『康熙字典』、中華民国の『字源』などに至るまで、すべて『字彙』の分け方によっているのです。日本の漢和辞典の分け方も、これに習ってできています。したがって『字彙』は日本の漢和辞典の大もとといってもよいわけです。

しかし部首による辞典の引き方は一般の人には難しく、使いこなすにはかなりの漢字知識が必要です。ましてや子どもには利用不可能だとさえいえそうです。例えば――

（1）次の漢字は何の部ですか？

①上　下　丘

②両　並　与

③同　吏　向

（2）漢数字の「一」から「十」までの部をそれぞれ答えてください。

簡単にわかりましたか。漢数字の一とか六などという字はなんという部の中に入っているのか、部の名前が全部わかっていましたか。全部の問題がなんという部に属するかを知っている人はまれではないでしょうか。次の解答を見て、改めて「へー」と思う方も多いのではないでしょうか。

第七章

（1）の①と②はすべて「一」の部、③は「口」の部です。
（2）の漢数字は以下の通り。
一・三・七は「一の部」
二・五は「二の部」
四は「口」（くにがまえの部）
六・八は「八」（はちがしら）
九は「乙」（おつにょう）
十は「十」（じゅうの部）

漢和辞典に載っている一五〇〜二〇〇もある部とその部首の名前を知っている子どもなどあまりいないでしょう。ましてや、一つ一つの漢字がどの部に属するか、こんなことまで知っている人はいませんし、また、知る必要もないことです。

「門」は「門の部」、「問」は「口の部」、「聞」は「耳の部」だと聞けば驚く人がいるはずです。

六年生に「承」「商」「孝」「考」などについて、それぞれなんの部の字なのかを聞いたことがありますが。正解者はいませんでした。全滅でした。「承」は手の部、「商」は口の部、「孝」は子の部、「考」は耂（おいがしら）ですが、あなたはご存知でしたか。

このように、それぞれの漢字がどの部に属するかということがわからないと、実際には部首索引は引けません。

辞書を使う上においてはとても大事な索引がこんなことでよいのでしょうか。そんなはずがありません。

なぜ、だれも「もっと使いやすい索引を作ってほしい」とか「使いやすい辞書を開発してくれ」などといわなかったのでしょうか。「もっと引きやすい索引はないのか」という声をあげた人もいなかったのでしょう。そうした声を聞いたこともありませんでした。

ツかんむり？　学、栄、営の部

常用漢字表では『漢字を排列するのに字音による五〇音順の方式をとっているので…』という理由で部首の基準は立てていません。数年前になりますが、直接、国立教育研究所（略称・国研）に電話して聞いたのですが、「秋」や「和」などについて、文部科学省は教室でへんやつくりによって漢字を並べる場合に、「必ずしも従来の辞典の部首による必要はなく」「禾の部」としても「火の部」「口の部」としてもよいといいます。「国が決めた部首」というものはあり

第七章

ません。したがって国としての部の一覧もありません。「各方面での今後の研究にまつ」といっています。

それだけに現在では辞書会社がそれぞれ独自に「ツの部」だとか「ワの部」「マの部」などとカタカナを「部の名」に取り上げて、部首別分類を作っていますし、まねている出版社もあります。現に教科書でさえそうした部を使っています。

考えても見てください。わたしに言わせるなら、そもそも部首は漢字の分類表とみるのが間違いなのです。部首索引は漢字一覧ではなく、インデックスでなければなりません。索引であり見出しになっているものなのです。「勝手に作っていいのか」という疑問に思われる人もいるでしょうが、いいのです。それぞれの辞書を作る人が勝手に分類して索引・インデックスを作っているのです。ことに常用漢字は昔の字体と違っているものが少なくありませんので、昔の部首には当てはめられないものが多々あるからです。

「臺」（ダイ・至部　八画）は常用漢字の字体で「台」になりましたので「口の部」（二画）になりましたし、「賣」（貝部　八画）は「売」になりましたので「士」の部（四画）になりました。そのため、「売」が「士」の部で「買」は「貝の部」（五画）だというへんてこりんなことになってしまいました。そんな辞書もあるのです。

教科書には「ツかんむり」というのがあります。「単、巣、営、厳」などが入っています。「営」が「ツかんむり」ならば「学」も「ツかんむり」にしてよいのではないかと思うのですが、「学」は相変わらず昔ながらの「子の部」です。そして「栄」は「木の部」です。

部首を索引として使うには二つの問題があります。一つは「その字がどの部に属するか」「何に関する字か」ということですし、もう一つは「その字が辞典の何ページに出ているか」「インデックスの役目を果たしているか」、簡単に探し出そうとする漢字のページが早く見つけ出すことができるかということです。

(2) 漢字の部や部首とはなにか

漢字の「部」ってなに?

世の中に、五万も五万五千もあるといわれている漢字です。それを関連あるものどうし、種類ごとに分けたものが「部」です。そして、その「部」と混同した言い方に「部首」があります。この部首と部とは同じなのでしょうか、違うのでしょうか。

辞書で部首ということばを引いてみると、その説明が辞書によって様々です。「『部』の最初の字」が部首だという説明（『漢字源』学習研究社）もあれば「漢字配当の目安となる漢字の各部の共通部分」（『大辞林』三省堂）だとか、「漢字を字形上から分類したとき、その構造の基本となる字形」（『明鏡』大修館書店）だという説明もあります。さらには「字書において、漢字をその字画構成の上から、分類、配列する場合、各部のかしらとする字」（『角川漢字中辞典』貝塚茂樹ほか）というように説明しているものもあります。

「部の最初の字」とか「各部のかしらとする字」が部首だというのはわかりますが、その考えに従って「部の最初（かしら）の字」を見てみましょう。

角川本で「人」の部をみると、最初の字は「人」です。そして「介、仇、今、什、仇、仍、仁、仄、仆、仏、以…」と続きます。また「水（氵・氺）部」でみれば「水」で始まり、「永、氷、求、汁、汀、氾、汚、汗…」と続きます。そして、こんどは「火」の部を見てみましょうか。「火」の部は「火」から始まり「灰、灯、灸、灼、炎、灸、炊、炒、炉…」と続きます。

こうして並べてみると、これらの部の「部首」は「木」であり「水」であり、「火」だということになりませんか。索引も一般に部索引とは言わないで部首索引といいませんか。漢字のグループのことを部といわないで、部首、部首といいませんか。

部首分類とは索引なのか

先に、日本で使われている漢和辞典の「部」は中国・明代の『字彙』の流れをくむ康熙帝の時代に作られた『康熙字典』の二一四部をもとにして作られているといいました。しかし、部のもとは『字彙』の著者の梅膺祚が決めたものだともいいました。

「部」の中は画数の小さいものから順に並んでいます。同じ画数の中での並べ方には規則性はありません。一画で言えば「丨、一、丶、丿、乙、亅…」のように並んでいますが、この順番も康熙字典の順序を踏襲しています。そして「口、土、士、夂、夊、夕…」（三画の部）のように、似た部首は並べて入れてあります。「人、儿、入、八」「刀、力、勹」のように、形の似ている部首も並べられているようです。

漢字の辞典もこんなにいろいろと世の中に出ているのに、なぜもっと簡単で早く引ける辞書が出てこないのでしょうか。「文字の大きい〜」とか「大きな活字の〜」とか「サラリーマンのための〜」、「用例が新しい」などという名の辞書が書店の棚に並んでいましたが、命ともいうべき索引について工夫を凝らしたことをウリにして出しているものは一冊もありませんでした。

「索引」は漢字の一覧表でもなければ、分類表でもありません。文字通り、索引・インデック

第七章

スなのですから、引きたい漢字（親字）が本文ページの中のどこにあるか、すぐに探し出せるように作ってなければ役に立ちません。「すぐに」「簡単に」が大事なのです。

それなのに大手出版社をはじめ、辞典出版会社では安易に旧来のものをまねするばかりで、利用者の立場で考えられてはいないようです。索引の役割とは何かを考えてみなかったせいではないでしょうか。本当に、利用者の身になって作ろうという気持ちがないのではないでしょうか。あるいは作れないのでしょう。

（3）下村式早繰り索引

わかりやすい索引を作る

幼児であろうとも、外国人であろうとも、できるだけ自力で、速く、簡単に探したい、そんな気持ちはだれでも持っているものです。自分の探したい漢字ができるだけ簡単に探し出せる索引、そんな索引はないものだろうか、ということは、漢字の読みがわからなくても、画数が数えられなくても、そしてまた、なんという部に属する字かがわらなくても――総画数がなん画かなどということを知らなくても、その漢字が何ページにあるかということがわかる索引ということです。そういう索引を考え続けました。そうして考え付いたのが次の索引です。題して「下村式・漢字早繰り」索引というものです。その索引を搭載しているのは『下村式・小学漢字学習辞典』（偕成社）という本です。

現在は日本人と限らず外国人が大勢、日本に定住しています。そればかりか、日本では幼児までが漢字検定を受けたり、論語を唱えたりしています。子ども用の漢字（漢和）辞典まで刊行されています。名は体を表すといいますからこの辞典は『学習辞典』と銘打ったところにその真髄が現れているとみてよいでしょう。旧来の辞典や索引でなく、幼児でも漢字を学ぶのに役立つ本や字典、漢字を学びたい外国人でも、簡単に引ける漢字の本、そうした本に利用できる索引をわたしは考え出したのです。

下村式小学漢字学習辞典（偕成社）

漢字の三つの概形を使う

いよいよ、ここから、その索引の作り方、使い方について説明します。漢字の特徴から二つの大きな要素を取り上げました。

その一つめは文字の持つ概形、もう一つは始筆、この二つの特徴を生かして索引を作るのです。これは口唱法という「唱えて覚える」文字指導のための要素のうちの一つです。

まず、漢字が読めなくても漢字の形から探せるように漢字を図形として眺めようというわけです。漢字として読めなくてもいいのです。文字の持つ二つの特徴のうちの一つ目は概形ですが、漢字を図形として見せようというわけです。漢字の概形は次の三つに分けられます。

①左右型…「へん」と「つくり」との組み合わせ（例）相、明、秋、浅

②上下型…「かんむり」と「あし」との組み合わせ（例）青、足、災、音

「上下型」には次のような字形のものも含みます。

◆ひとやね型（𠆢）のもの

（1）今、会、合、食、金、命など

（2）祭、発、登など

（3）挙、益、養、券など

（4）春、冬、蚕、奏など

◆てんいち型（亠）のもの…

　衣、亡、文、六、市、方など

③その他型…上下にも左右にも分けにくい（例）雨、間、危、米、勉、など

「その他型」には次のようなものも含みます。

◆「辶」（しんにょう）、「廴」（えんにょう）のつくもの

　近、遠、述、退、遊、延、勉など

◆ノダレ型のもの

（1）ナ型（カナのナ）……右、左、有、布など
（2）尸型（しかばね）……届、居、屋、属、展など
（3）ヨ型（ヨながノ）……君
（4）少型（しょう）……省
（5）耂型（おいがしら）…者、老、考、孝など
（6）厂型（がんだれ）……厚、圧、灰、原など
（7）广型（まだれ）……庁、座、応、店など
（8）疒型（やまいだれ）…痛、病など
（9）その他（これら以外）…白、自、向、血、良など

漢字の四つの始筆を使う

もう一つの要素は始筆です。文字の書き始めの一筆目は、平仮名でも片仮名でも漢字でも、どんな字でもたった四種類しかないのです。日本の文字というものは、いわゆる書き始め部分は、この四種類だけなのです。その四種類というのは、前にあげたように次のとおり。次の①②③

第七章

④のどれかに該当するはずです。

①縦棒から始まる字……小、町、貝、山など　一四・一パーセント

②横棒から始まる字……校、林、草、大など　三二・〇パーセント

③テンから始まる字………音、学、空、衣など　二三・五パーセント

④斜め棒から始まる字…右、先、金、白など　三〇・三パーセント

（パーセントは現在の教育漢字一〇〇六字の分類、八〇八一字時代でも大差はなかった）

これを見てわかることは、最も多いのが横棒から書き始める字だということです。次いで多いのが、一年生の字でいえば「生、夕、入、白」など、斜め棒「ノ」から始まる字です。漢字は「縦棒から始まる字」と「横棒から始まる字」が多いのではなかろうかと思うでしょうが、これが実際はそうではなく、「ノ」（斜め線）から始まる字が多いのです。意外だなあと思う人も多いと思います。

字形と始筆を組み合わせて

さて、この漢字の字形分類と始筆とから、索引を作ってみましょう。

第七章

すべての漢字を「なに型」の「なに」から書き始めるかという観点で分類します。その分類パターンは次の一二です。

①左右型の　よこ・「一」
たて・「｜」
ななめ・「ノ」
てん・「、」

②上下型の　よこ・「一」
たて・「｜」
ななめ・「ノ」
てん・「、」

③その他の　よこ・「一」
たて・「｜」
ななめ・「ノ」
てん・「、」

第七章

例・「青」ならば…上下型のよこ・「一」

「貝」ならば…上下型のたて・「｜」

「泉」ならば…上下型のななめ・「ノ」

「音」ならば…上下型のてん・「丶」


こうして分類した漢字を、グループごとに五〇音順に並べます。

教育漢字一〇〇六字の中から理由の「由」（三年・五画・田の部）を探し出すのは大変ですが、この字が「上下型」か「左右型」か「それ以外」かとみれば探すのも簡単です。単純に一〇〇六字を三分の一にしたと考えても、三三〇字です。

部首分類で探すとしたらどうでしょう。先ず「由」がどの部の漢字か知らなければ、部そのものが探せません。下村式漢字早繰り索引で探してみましょう。
①「由」は、なに型でしょう。左右型でもない、上下型でもない、ならば、その他型のなかに含まれていることがわかります。
②次は書き始めです。「由」は「田」と同じで、左の縦棒から書き始めます。すなわち「たてかぎ　たてで　よこ二本」という唱え方ですから、始筆は「たて（｜）」からだとわかります。「そ

第七章

の他型」の「たて（丨）から」の中から探せばよいことがわかります。

そこで索引を開くことになります。『下村式・小学漢字学習辞典』（偕成社版）には、「その他型」の「たて（丨）から」始まる教育漢字が一ページ半（八段）あります。さらに、この索引は三つの型の中を学年ごとに分けて並べてあります。これがミソです。

さて、「由」は三年生の配当漢字ですので、三年生の項を見ます。ここには「その他型」の「たて（丨）から」始まる字は「運、央、開、業、曲、県、皿、暑、申、題、問、由」と一二文字しかありません。これなら読み方がわからなくても「由」を探し出すのは簡単です。

しかも、もしこの字の読みが想像できるならば、なお時間はかかりません。アイウエオ順に並んだ字のいちばん最後の方（ユ・ユウ）だとわかれば、そのあたりを見ればすぐ見つけられるわけです。

「その他型」の「たて（丨）から」始まる教育漢字は全体でも、ほぼ、次の通りです。

一年生配当字で一四字…円、見、口、山、四、出、小、水、早、中、虫、田、日、目
二年生配当字で一五字…園、回、間、国、止、少、図、長、当、同、内、肉、馬、聞、里
三年生配当字で一一字…運、央、開、業、曲、県、皿、暑、中、申、題、問、由
四年生配当字で　九字…以、囲、果、関、固、史、児、臣、省

五年生配当字で　三字…因、過、団
六年生配当字で　五字…遺、閣、困、冊、閉

もちろん、それぞれの漢字の下にはそれぞれのページ番号がつけてあります。これでしたら、三年生の子どもが、だれでも、読みがわからなくても簡単に「由」が探し出せるでしょう。漢字の字形というのは漢字を字としてみるのではなく、図形としてみるのですから、幼児でも外国人でもわかります。

読みがわからなければ引けない、画数を数えなければ探せない、その漢字が何という部に属する漢字かを知らなければ使えないという、従来の索引とはそこが違います。

こうした「字形の三分類」と「四つの始筆」とをもとにして、学年別にアイウエオ順に並べておいてやればよいのです。こんなに手早く漢字を探し出す方法が他にあるでしょうか。それが下村式なのです。(「口唱法」と「下村式漢字早繰り」索引は登録商標名です)

「あれ?」と思わせないために＝索引作りの上での注意

ところで、漢字の中には三分類のうちで、左右型か、その他型かと迷うものがあります。た

とえば「左」や「右」という字は、大人には上下にも左右にも分けられない字だとわかっていますが、子どもの中には「左」は「ナ」と「エ」、「右」は「ナ」と「ロ」というように分けるものだと思っている子もいます。そうした子どものためには、「左・右」が分類上は「その他型」ではあっても、「左」は上下型の「よこ（一）から」の仲間にも入れておき、「右」は上下型の「ななめ（ノ）から」のグループのなかにも入れておいてやる親切心は必要です。あるいは「右」も「左」も「一ノ」の順だと思っている子どももいるかもしれません。そうならば「左」も「右」も、その他型の「よこ（一）から」のところにも入れておいてやる配慮があってよいはずです。

何度も言いますが、索引はツールであって、漢字の分類一覧表ではありません。ある一つの字が何ページに出ているかを、手速く、簡単に、自分ひとりの力で知るための働きをするものですから、子どもが「こうだ」と見誤りそうなところには何カ所でも積極的に入れておいてやるのが親切というものです。

個別の字の分類が、三種のうちのどれが正しかったのかというのは、親字のページを開けばわかることですから、そのページを開いたところで「ああ、自分の見ていたのは間違いだったな」と確認ができればよいのです。

筆順を勘違いして間違った覚え方をしていた場合に、辞書を開いてみて初めて正しい筆順が

第七章

わかったということがあります。それと同じです。索引のあっちにもこっちにも当該字が出ていて、少しもおかしいことはありません。むしろそのほうがよいのです。子どもにとってもありがたいことだと思います。

重ねて言いますが、索引は分類一覧表ではなくて、探そうとする字が何ページに出ているかを探し出すものです。三画の文字がいくつあるか、「木へん」の字が何個あるかといったような字数の一覧表でもなければ、統計表でもないのですから、検索者が間違っていても、カン違いでも、とりあえず早く確実に探そうとする親字（ページ・山なら山、海なら海という漢字）にたどり着けるような、その漢字は何ページを開けばよいかが素早くわかる、そうしたものであることが大事なのです。

漢字をアイウエオの音順に並べるのならば、音読みのアイウエオが終わったら、訓読みのあいうえおのところにも入れておいてやるというのと同じです。少しもおかしいことではありません。字形についても、始筆についても、読みについても同じです。こうして出来たのが「下村式漢字早繰り」索引です。

以下にその一部を掲載しておきます。ご興味があれば実際の『下村式・小学漢字学習辞典』（偕成社）を入手の上、従来の辞書とぜひ引き比べてみてください。

❶早《はや》繰《く》りさくいん・学《がく》年《ねん》別《べつ》

漢字	読み	ページ
【1年生】		
校	コウ	五八六
村	ソン	五八五
林	リン	五六八
【2年生】		
引	イン	一〇六〇
羽	ウ	五二六
歌	カ	一一五
強	キョウ	一〇六二
教	キョウ	三三〇
形	ケイ	一一七八
姉	↓ノ	
弱	ジャク	五三四
場	ジョウ	九五二
数	↓てん	
切	セツ	一〇三一
地	チ	九四八
朝	チョウ	七九二
頭	トウ	一四九
北	ホク	八三
妹	↓ノ	
理	リ	一一七五
【3年生】		
院	イン	八八〇
駅	↓たてぼう	
横	オウ	六〇五
階	カイ	八七九
期	キ	七九三
球	キュウ	一一七四
橋	キョウ	六〇八
軽	ケイ	一〇八六
研	ケン	九〇二
根	コン	五八八
始	↓ノ	
指	シ	二六七
持	ジ	二六八
取	シュ	三一〇
拾	シュウ	二七三
所	ショ	一〇五五
植	ショク	五九一
相	ソウ	一六九
打	ダ	二七一
柱	チュウ	五九五
転	テン	一〇八五
都	ト	八九四
投	トウ	二七〇
配	ハイ	九一一
坂	ハン	九五一
板	ハン	五九三
陽	ヨウ	八八一
様	ヨウ	六〇七
列	レツ	一〇二六
【4年生】		
塩	エン	九五九
加	カ	四七二
改	カイ	三三五
械	カイ	六一一
願	ガン	一五八
機	キ	六〇九
救	キュウ	三三三
協	キョウ	四七一
極	キョク	六一三
郡	グン	八九五
験	↓たてぼう	
功	コウ	四七五
好	↓ノ	
材	ザイ	五九二
札	サツ	五九七
刷	サツ	一〇二九
散	サン	三三四
残	ザン	四六九
松	ショウ	五八二
静	セイ	六四八
折	セツ	二七六
孫	ソン	一〇七
隊	タイ	八八八
梅	バイ	五八三
博	ハク	九二八
標	ヒョウ	六〇三
副	フク	一〇三〇
粉	↓てん	
陸	リク	八八三
料	↓てん	
輪	リン	一〇八七
類	↓てん	
【5年生】		
桜	オウ	五八四
格	カク	六〇〇
確	カク	九〇四
刊	カン	一〇四一
幹	カン	七七七
規	キ	一七三
技	ギ	二七七
境	キョウ	九五三
均	キン	九六六
群	グン	五〇四
険	ケン	八八七
検	ケン	五九九
限	ゲン	八八二
現	ゲン	一一七六
故	コ	三三八
耕	コウ	一一一〇
構	コウ	六〇四
採	サイ	二八〇
際	サイ	八九一
雑	↓ノ	
酸	サン	九九二
枝	シ	五八九
授	ジュ	二七九
招	ショウ	二七八
承	ショウ	二九八
職	ショク	二二六
政	セイ	三三九
精	↓てん	
接	セツ	二八六
増	ゾウ	九五七
損	ソン	二九〇
断	↓てん	
張	チョウ	一〇六四
提	テイ	二八八
破	ハ	九〇三
比	ヒ	八四
非	↓ノ	
婦	↓ノ	
報	ホウ	三三
防	ボウ	八八四
務	ム	四八三
輸	ユ	一〇八八
預	ヨ	一五四
【6年生】		
域	イキ	九五五
拡	カク	二八四
株	かぶ	五八七
机	キ	五九八
揮	キ	二八九

〔25〕 左右型→よこぼう・左右型→たてぼう・左右型→ノ

- 勤 キン 四七七
- 敬 ケイ 三三五
- 権 ケン 六〇二
- 降 コウ 八二五
- 殻 コク 六七六
- 砂 サ 九〇〇
- 磁 ジ 九〇一
- 捨 シャ 二七四
- 樹 ジュ 五九〇
- 除 ジョ 八八六
- 障 ショウ 八九〇
- 城 ジョウ 九五四
- 推 スイ 二八七
- 操 ソウ 二八二
- 担 タン 二八五
- 探 タン 二八一
- 頂 チョウ 一五二
- 糖 ↓てん
- 難 ナン 五一二
- 拝 ハイ 二七五
- 班 ハン 一一七七
- 批 ヒ 二八三
- 陛 ヘイ 八八九
- 棒 ボウ 五九六
- 枚 マイ 五九四
- 模 モ 六〇一
- 臨 ↓たてぼう

【1年生】
- 小 ショウ 三〇五
- 町 チョウ 九三三

【2年生】
- 帰 キ 四二〇
- 時 ジ 七七八
- 晴 セイ 七七九
- 明 メイ 七九〇
- 鳴 メイ 五二〇
- 門 モン 六八七
- 野 ヤ 九三〇
- 曜 ヨウ 七八六

【3年生】
- 暗 アン 七八〇
- 駅 エキ 五〇六
- 助 ジョ 四七三
- 昭 ショウ 七八一
- 帳 チョウ 一一六〇
- 氷 ヒョウ 八七〇
- 味 ミ 一九九
- 路 ロ 三四八

【4年生】
- 以 イ 三〇
- 験 ケン 五〇七
- 昨 サク 七八三
- 唱 ショウ 二〇二
- 貯 チョ 五五三
- 敗 ハイ 三三二
- 別 ベツ 一〇二八

【5年生】
- 快 ↓てん
- 慣 ↓てん
- 眼 ガン 一六八
- 旧 キュウ 七六五
- 財 ザイ 五五四
- 状 ジョウ 四八八
- 情 ↓てん
- 性 ↓てん
- 則 ソク 一〇三一
- 略 リャク 九三三

【6年生】
- 映 エイ 七八二
- 吸 キュウ 二〇一
- 劇 ゲキ 一〇三八
- 呼 コ 二〇〇

- 収 シュウ 三〇九
- 将 ショウ 三一八
- 暖 ダン 七八五
- 晩 バン 七八四
- 臨 リン 一七八

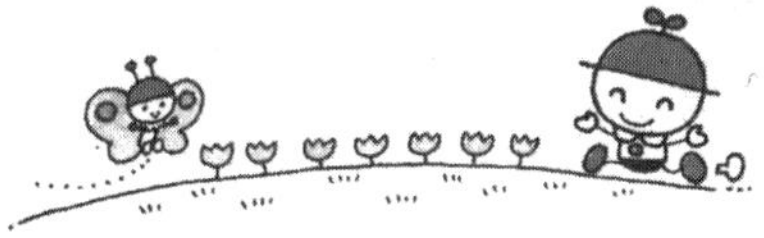

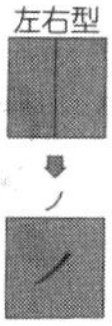

【1年生】
- 休 キュウ 三三
- 川 セン 八一四
- 竹 チク 六四九
- 八 ハチ 一一九五

【2年生】
- 何 カ 四一
- 科 カ 六七七
- 絵 カイ 一二四〇
- 外 ガイ 七九九
- 後 ゴ 三七九
- 行 コウ 三七〇
- 細 サイ 一二一六
- 作 サク 五〇
- 姉 シ 九四
- 紙 シ 一二三九
- 秋 シュウ 六六九
- 船 セン 一〇七六
- 線 セン 一二一九
- 組 ソ 一二三三
- 体 タイ 三三
- 知 チ 一〇六六

- 妹 マイ 九五

【3年生】
- 飲 イン 一四〇
- 化 カ 八二
- 館 カン 七〇二
- 級 キュウ 一二三六
- 銀 ギン 九〇九
- 係 ケイ 六四
- 仕 シ 三八
- 使 シ 五八
- 始 シ 九八
- 終 シュウ 一二四五
- 住 ジュウ 五三
- 勝 ショウ 四八四
- 他 タ 四四
- 待 タイ 三八一
- 代 ダイ 四三
- 短 タン 一〇六七
- 鉄 テツ 九一一
- 動 ドウ 四七四
- 倍 バイ 五五
- 秒 ビョウ 六七〇
- 服 フク 一〇七九
- 物 ブツ 四九四
- 役 ヤク 三七八
- 緑 リョク 一二四三

❶早繰りさくいん・学年別

下村式小学漢字学習辞典（偕成社）

第七章

左右型→よこぼう 〔34〕

②早繰りさくいん・音訓順

左右型 ⇒ よこぼう 一

②早繰りさくいん・音訓順

第七章

バンド1

漢字	読み	ページ
相	あい	一六九
朝	あさ	一五三
預	あずかる	一五〇
預	あずける	一五〇
頭	あたま	一九一
操	あやつる	一六二
改	あらためる	三三二
改	あらたまる	三三二
現	あらわれる	二六五
現	あらわす	二六六
域	イキ	二六七
板	いた	一九五
頂	いただき	一五二
頂	いただく	一五二
引	イン	一五二
院	イン	八〇
羽	ウ	五六

バンド2

漢字	読み	ページ
植	うえる	一五一
打	うつ	三一七
承	うけたまわる	二六四
歌	うたう	一二五
歌	うた	一二五
梅	うめ	一五三
敬	うやまう	三三三
植	うわる	一五一
駅	えき	→たてぼう
枝	えだ	一五九
塩	エン	五九八
桜	オウ	五四〇
横	オウ	三三〇
拝	おがむ	三一九
教	おしえる	二七〇
推	おす	三一六
折	おる	三八六
降	おりる	八六五
折	おり	三八六
折	おれる	三八六

バンド3

漢字	読み	ページ
降	おろす	八二〇
加	カ	四三一
歌	カ	一二五
改	カイ	三三二
械	カイ	三三五
階	カイ	八八九
限	かぎる	八八〇
拡	カク	三一〇
格	カク	六〇〇
確	カク	四〇〇
頭	かしら	一九一
形	かた	二七六
難	かたい	一〇六三
形	かたち	二七六
担	かつぐ	三一八
株	かぶ	五五一
構	かまえる	六〇六
構	かまう	六〇六
軽	かるい	一〇六七
軽	かろやか	一〇六七
刊	カン	一〇八一

バンド4

漢字	読み	ページ
幹	カン	七七二
願	ガン	一六八
机	キ	五八七
規	キ	九七六
揮	キ	三一四
期	キ	五七二
機	キ	六〇九
北	きた	一二〇
救	キュウ	三三〇
球	キュウ	五七三
協	キョウ	一〇二一
強	キョウ	二六〇
教	キョウ	二七〇
境	キョウ	二六二
橋	キョウ	五六〇
形	ギョウ	二七六
極	キョク	六一二
切	きる	一〇二三
切	きれる	一〇二三
極	きわ	六一二
極	きわまる	六一二
極	きわめる	六一二
均	キン	九六八
勤	キン	一〇六七
功	ク	四四五

バンド5

漢字	読み	ページ
配	くばる	九一一
比	くらべる	六一四
加	くわえる	四三一
加	くわわる	四三一
郡	グン	六五三
群	グン	六五三
形	ケイ	二七六
敬	ケイ	三三三
軽	ケイ	一〇六七
境	ケイ	二六二
険	けわしい	八六二
研	ケン	六〇五
険	ケン	八六二
検	ケン	六〇五
権	ケン	六一一
験	ケン	→たてぼう
限	ゲン	八八〇
現	ゲン	二六五
故	コ	三九五
期	ゴ	五七二
功	コウ	四四五
好	コウ	二六五
降	コウ	八六五
校	コウ	五八三
格	コウ	六〇〇
耕	コウ	八六〇
構	コウ	六〇六

バンド6

漢字	読み	ページ
強	ゴウ	一〇三二
穀	コク	六五九
極	ゴク	六一二
転	ころぶ	一〇八五
転	ころがる	一〇八五
転	ころがす	一〇八五
根	コン	六〇一
勤	ゴン	一〇六七
権	ゴン	六一一
砂	サ	六〇二
切	サイ	一〇二三
採	サイ	三一四
際	サイ	八六二
材	ザイ	六〇一
坂	さか	二〇一
境	さかい	二六二
探	さぐる	三一五
桜	さくら	五四〇
探	さがす	三一五
提	さげる	三一六
指	さす	三一二
授	さずかる	三一七
授	さずける	三一七
札	サツ	五四二
刷	サツ	五九七
雑	→ノ	一〇二九

第七章　子どもが使える辞書索引を作る　212

❷早繰りさくいん・音訓順

第七章

〔35〕 左右型→よこぼう

漢字	読み	ページ
様	さま	六〇七
障	さわる	八九〇
散	サン	三三四
酸	サン	九九二
残	ザン	四六九
姉	↓ノ	
始	↓ノ	
枝	シ	五八九
指	シ	二六七
地	ジ	九四八
持	ジ	二六八
除	ジ	八八六
磁	ジ	九〇一
強	しいる	一〇六二
塩	しお	九五九
静	しず	六四八
静	しずか	六四八
静	しずまる	六四八
静	しずめる	六四八
砂	シャ	九〇〇
捨	シャ	二七四
弱	ジャク	五二四
取	シュ	三一〇
授	ジュ	二七九
樹	ジュ	五九〇
拾	シュウ	二七三
拾	ジュウ	二七三

漢字	読み	ページ
所	ショ	一〇五五
除	ジョ	八八六
招	ショウ	二七八
承	ショウ	二九八
松	ショウ	五八二
政	ショウ	三三九
相	ショウ	一六九
障	ショウ	八九〇
城	ジョウ	九五四
場	ジョウ	九五三
静	ジョウ	六四八
植	ショク	五九一
職	ショク	三二六
城	しろ	九五四
頭	ズ	一四九
推	スイ	二八七
酸	すい	九九二
数	↓てん	
救	すくう	三三三
捨	すてる	二七四
砂	すな	九〇〇
刷	する	一〇二九
政	セイ	三三九
精	↓てん	
静	セイ	六四八
切	セツ	一〇二二
折	セツ	二七六

漢字	読み	ページ
接	セツ	二八六
相	ソウ	一六九
操	ソウ	二八二
増	ゾウ	九五七
損	そこなう	二九〇
損	そこねる	二九〇
村	ソン	五八五
孫	ソン	一〇七
損	ソン	二九〇
打	ダ	二七一
隊	タイ	八八八
耕	たがやす	一一一〇
確	たしか	九〇四
確	たしかめる	九〇四
球	たま	一一七四
担	タン	二八五
探	タン	二八一
断	↓てん	
地	チ	九四八
柱	チュウ	五九五
張	チョウ	一〇六四
頂	チョウ	一五二
朝	チョウ	七九二
散	ちらかす	三三四
散	ちらかる	三三四
散	ちらす	三三四
散	ちる	三三四

漢字	読み	ページ
都	ツ	八九四
接	つぐ	二八六
机	つくえ	五九八
務	つとまる	四八三
勤	つとまる	四七七
務	つとめる	四八三
勤	つとめる	四七七
強	つよい	一〇六二
強	つよまる	一〇六二
強	つよめる	一〇六二
提	テイ	二八八
転	テン	一〇八五
都	ト	八九四
頭	ト	一四九
投	トウ	二七〇
糖	↓てん	
頭	トウ	一四九
研	とぐ	九〇二
所	ところ	一〇五五
取	とる	三一〇
採	とる	二八〇
投	なげる	二七〇
難	ナン	五一二
担	になう	二八五
根	ね	五八八
願	ねがう	一五八
残	のこす	四六九

漢字	読み	ページ
残	のこる	四六九
除	のぞく	八八六
破	ハ	九〇三
羽	は	五一六
場	ば	九五三
拝	ハイ	二七五
配	ハイ	九九一
梅	バイ	五八三
博	ハク	九二八
博	バク	九二八
橋	はし	六〇八
柱	はしら	五九五
機	はた	六〇九
羽	はね	五一六
林	はやし	五六八
張	はる	一〇六四
坂	ハン	九五一
板	ハン	五九三
班	ハン	一一七七
板	バン	五九三
比	ヒ	八四
批	ヒ	二八三
非	↓ノ	
引	ひく	一〇六〇
引	ひける	一〇六〇
標	ヒョウ	六〇三
拾	ひろう	二七三

漢字	読み	ページ
婦	↓ノ	
増	ふえる	九五七
副	フク	一〇三〇
防	ふせぐ	八八四
札	ふだ	五九七
増	ふやす	九五七
降	ふる	八八五
粉	↓てん	
陛	ヘイ	八八九
模	ボ	六〇一
報	ホウ	二三
防	ボウ	八八四
棒	ボウ	五九六
北	ホク	八三
妹	↓ノ	
枚	マイ	五九四
孫	まご	一〇七
増	ます	九五七
松	まつ	五八二
政	まつりごと	三三九
招	まねく	二七八
幹	みき	七七七
操	みさお	二八二
都	みやこ	八九四
務	ム	四八三
報	むくいる	二三
難	むずかしい	五一二

下村式小学漢字学習辞典（偕成社）

第八章　部首を考える

第八章

（1）『字彙』の部分けと教科書との違い

漢字の要素の分類をし始めると、当然一つ一つの漢字カード（あるいは親字ページ）にそれぞれの漢字の所属する部首も記入したくなります。そして部ごとに漢字カードを集めてみることもしたくなります。

普通の漢和辞典の部首は二一四部あります。『字彙』の部の二一四部の分け方をもとにして、明の張自烈の『正字通』や、清の『康煕字典』、民国の『字源』などに至るまでが、この分け方によって造られているということも述べた通りです。日本の漢和辞典の分け方もこれを利用してきたものです。

しかし、子どもにはこの部引きの辞書は使いこなせません。そこで現実にはへんやつくりなどによって並べる場合には必ずしも従来の辞典（『字彙』）の流れによる部首によってまとめる必要はない、例えば「口」の部に入れてある「和」でも「のぎへん」として集めてもよいし、辞典通りに「口」の部と考えてもよいというのが文部科学省の考え方のようです。

ちなみに、教科書で「和」は「口の部」としてありますが、下村式でも『小学漢字学習辞典』の「かんじのおはなし」部分で「和」は「稲がよくみのり、喜び合うことから、〈和やか・穏やか〉

第八章

の意味になった」と説明して、文字分類では人体の「口」に入れてあります。

なぜならば、「和」には――、
①和やか・穏やか（例・和気、温和）という意味の他に
②なかよくする、なかなおりする（例・平和、和解）
③釣り合う（例・中和、和声）、
④足し算の答え（例・総和、和）、
⑤日本の・日本風の（例・和紙、和服）
などの意味がありますから、こうして並べて考えてみると、やはり「のぎへん」にまとめるよりも「口へん」にしたほうがよいのではないかと思うわけです。

ところが、少し例を挙げていいますが、例えば教科書（例・光村図書）では、「そうかなあ」と首をかしげたくなる分類のものがいろいろとあります。

「文」は「文の部」で「交通」の「交」は「亠」（てん一）の部だといいます。だとしたら「立」も「亠の部」でよいと思うのですが、「立」は「立の部」だといいます。さらに、「競」も「立」の部だというから、では「善」は「羊の部」だなと思うと、これは「口の部」だというのですが、どうしてなのでしょうか。

第八章

その他「出」は「凶」などと同じように「凵」（うけばこ）だろうと思うと、そうではなくて「中」や「串」などと同じ「丨」の部だとするものもあります。また「京」は「亠」の部だというから「高」も「亠」の部だろうと思うと、こちらはそうではなくて「高」の部だといいます。そして「入、内、全」は「入」（いる）の部だとしているのですが「全」が「入」の部だと思えるでしょうか。これは旧字体の時代に「人やね」と「入りやね」の区別があったところから現在に残ったものです。

では「穴」はどうでしょう。子どもの十中八、九人は「ウかんむり」だといいますが、実は康熙字典以来「穴かんむり」という独立した部首があり、「穴、究、空、窓」は教科書でも「穴かんむり」にしています。そればかりか、わたしがいろいろな機会に、いろいろな人に聞いたところ、中央の「央」が何の部に入る字か、答えられた人は今までにたったの一人しかいませんでした。

いやはや、どの字がなんの部かなどと知る必要があるのでしょうか。漢字を部に分ける、その「部わけ」とは何なのでしょうか。そしてなんのために部わけの学習をするのでしょうか。

教科書の部首の不思議

現行の教科書では、どの字が何の部になっているか、少しだけピックアップして、見ていただこうと思います。

・立は立の部だというのに並は一の部。　竝は立の部なのに
・交は亠　の部だというから文も同じかと思ったら　文は文の部
・幸は干の部だというから報も同じかと思ったら　報は土の部
・買は貝の部で　売は士の部だというが、これは字の形からみたもの？
・休はにんべんの部で、化はヒの部だそうだ
・包は勹の部だというが、句は口の部だという
・右は口の部で、左は工の部だそうだ
・育は肉の部で、有は肉の部にせず、なぜ月の部なのか
・帰は巾の部だというが、なぜ「リの部」にしない？
・巣はツ冠で、乗はノの部だというが、なぜ両者とも「木の部」にしない？
・巻は卩の部、危は卩の部

第八章

・者は耂の部、友は又の部
・出は丨の部、不は一の部、なのに　求は水の部
・垂は土の部だというが、なぜ「ノの部」にしない？
・要は西の部で、票は示の部、どうして？

（2）部とはなにか、部首とはなにか

部や部首はこのようにしてできた

わたしたちが現在手にしている日本の漢字辞典はほとんど中国の『康熙字典』と呼ばれる字書がもとになっています。この本では部首を二一四種にも分けていますが、子どもがそれぞれの漢字を見て、どの字がなんの部に所属するか判断することはとてもできません。そんなこともあり、最近では、部首の数が異なるものも出てきました。見る辞書によって部首分けが違うというわけですので、ある意味ますます部首索引の状況は複雑になってきています。

子どもからよく質問されます。巨人・阪神戦の「巨」はなんという部に所属する漢字なの？と。

第八章

実は「巨」という字は「工」の縦線に「コ」型の（取っ手部分）がくっついたような形の器具（角定規）だったのです。それが変化して今の字体になったものなので、それで今でも「工部」に入っています。

今度は、あなたご自身に質問しましょう。「問題」というときの「問」という字。部屋の「間仕切り」などというときの「間」という字の部首は、それぞれ何の部かわかるでしょうか。どちらの字にも「門構え」がついているから「門の部」ではないかと考えるかもしれません。ところがそうではなく、「問」は「口の部」、「間」は「門の部」だというのです。と、すると「聞」も「門の部」なのか、あるいは「耳の部」になるのかと迷います。その通りなのです。「聞」は「耳の部」なのです。

「問」と「聞」についていうならば、「問う」のは「口」から出ることばであり、「聞く」のは「耳」から入ることばだから「問」は「口の部」、「聞」は「耳の部」だといいます。どちらも「門」の仲間だと考えがちですが、教科書では両者を「口の部」と「耳の部」とに分けています。「門の部」に属するのは教育漢字では「門、閉、開、間、閣、関」の六字だけです。この伝でいくならば、これらの字はそれぞれ「器物」や「自然」や「手」の部にしてもいいのではないかと思ってしまいます。

部首分類について公的機関が「当用漢字」（現在の常用漢字のもと）を発表したところ、それらの字の一字一字を「部首分類表」という表に表して発表したことがありました。ところが、この一覧表はいつの間にかひっこめられてしまいました。「この部首分類は忘れてしまってくれ、なかったことにしてくれ」ということなのです。ということは、漢字の部首などを一字一字について、「これはこの部だ」などと国が決めることでもないし、また決められるものでもないということを表しているのです。要するに、現在まで公的に決めた、わが国としての公式な部首分類というものはないのです。

現在、わが国では辞典作りに携わる人たちが、中国の『康熙字典』（一七一六年刊）にこだわっていたら常用漢字の部首分類は作れません。字体が常用漢字体になって旧漢字（本字）と異なるものが多数出てきているからです。常用漢字の表の中には「ツ」の部、「ム」の部、「ハ」の部などという部まで加えて部首分類を作っている辞書まであります。まるで国語辞典の索引ではないかとさえ思ってしまいます。こんなふうにでもしないと常用漢字は分類がしにくいのです。

教科書に載っている部首まで独自なものになってはいても、各教科書会社は相談したかのように、どの教科書も部首を同じにしているようです。教科書検定とのかかわりがあるからなのでしょうか。しかし、その教科書の中にも首をかしげたくなるようなものもあるのです。それだけに、教科書への記載を同一にして、それが正式な部首だと思わせるのは危険です。

漢字の辞書で「部」というのは、数ある文字そのものを、それを含む共通部分によって分類した一つ一つのまとまりのことです。「木の部」でいえば木、本、末、未、札、机、朽、朱、束、朴、杏…のように共通部分を包含したものをまとめ、それをさらに偏（へん）、旁（つくり）、冠（かんむり）、脚（あし）など関連した部分ごとにまとめたものを一括して「部」といい、それぞれの中で、もとになるものを「首」として整理したものが、いわゆる「部」（部首）といわれるものです。教育漢字でさえ一七〇部ほどはあります『説文解字』（許慎著）は五四〇部、『康熙字典』は二一四部にわけています。

次に挙げたＡＢＣの三つに分けた二四個の漢字を見てください。

Ａ　明、時、晴、春、暮、星、景、是

Ｂ　林、村、校、板、柱、根、橋、格

Ｃ　家、室、安、守、実、定、客、宮

Ａのグループの漢字には、どれもその漢字のどこかに「日」という字がついています。「明、時、晴」は左側部分に「日」がついていますし、「春、暮」には下の部分に「日」がついています。

そして「星、景、是」は上の部分に「日」がついていることがわかります。Bのグループの漢字はどれも右側部分に「木」という字（木偏）がついていますし、Cのグループはそれぞれの漢字の上部がどれも「宀」（ウかんむり）になっています。

このように、多くの漢字の中から共通部分を持ったものをまとめて漢字を分類していくとき、そのまとまった漢字群を「部」といいます。前の二四個の漢字でいえば、Aは「日」の部、Bは「木」の部、Cは「家」の部、または「屋根」の部ということになります。そして、その部を一つの学級（クラス）と見立てたとき、その学級の中がいくつかの班に分かれる場合があります。その分けた一つ一つの班（グループ）の名前が「部首」に当たります。そして「日」の部の中には「日・時節・とき」などに関係があるものが多く、「木」の部の字は木に関係のあるものになるというわけです。しかし、中にはただ形だけが似ていて、成り立ちとは関係のないものがその部に含まれている場合もあるわけです。

また、部の中のそれぞれの班の名前となる「部首」は「木」とか「日」とか「金」とか「糸」などのように、独立した一つの漢字として読めるものばかりではないこともあります。Cグループの部首は「ウかんむり」といって、屋根の形からでき家の意味を持ちますが、一つ一つを構成する重要な要素の一部分でしかありません。このような漢字の一部分を受け持つものが「部首」

になっているものも多いのです。「宀」のほかに「辶」（シンニョウ）、「攵」（ボクニョウ）。「戈」（ほこづくり）などたくさんあります。

さらに、そのグループの代表にあたる漢字が、ほかの字に含まれるとき、形が少し変わるものもあります。例えば「水」はある漢字の左側についた場合、「清、決、汽、注」などのように「氵」という形に代わって、呼び名も「サンズイ」ということになりますし、「冷」「准」「凍」ならば「ニスイ」。漢字の右側につく「刀」は「刂」という形に変わって「リットウ」となります。また「手」の部の代表である「手」が漢字の左側について「投　持　指」など「扌」という形になったとき、これを「てへん」というし、「人」が左側について「休　体　伝　任」などの部分になると「にんべん」という呼び名になるわけです。

部や部首は工夫されてよい

部や部首についていえば、もう一つ大事なことがあります。それはなぜ、このような部や部首ができたかということです。漢字は数が多いので、似たもの同士共通性のあるものを集めて同じ仲間に入れておくと多少なりとも探し出すのに便利です。これが部首分類の大きな一つの特徴です。

このグループ分けによる部や部首の分け方は昔から決まっていて変えられないものなのかというと、そうでもないし、永久にこれを守らなければならないというものでもありません。

例えば、「和」という字を「禾（のぎへん）の部」にしている辞書もあるし、「口（くちへん）の部」に入れている辞書もあります。そして、「秋」でしたら「禾」にするか「火の部」にするか。どうして「和」と「秋」とが部が違うのか。誰も納得するような説明をした人もいません。選定教科書では教育漢字中「禾の部」は現在一一字だけになっています。

また、現に「学」を「子の部」にした辞書もあるし、新しく「ツの部」という部を作り「単、巣、栄、営、厳」などと同じ部にしている辞書もあります。分類というよりも漢字を調べる時に、早く、しかも簡単に見分けられるように考えているからだと思います。あるいは思いつきなのでしょうか。漢字の成り立ちからということでもなさそうです。

たしかに部や部首は工夫されてよいと思います。「部」というのは、字源によって分類された漢字の各部で、その部の目印になる共通の要素だと、『現代国語例解辞典』（監修／林巨樹・小学館）には書かれています。この字源のことを一般には「字解」とも「成り立ち」とも「字のでき方」とも、いろいろな言い方をします。『下村式・小学漢字学習辞典』では、「漢字のおはなし」と

第八章

しています。

前出の『現代国語例解辞典』（小学館）で、「字源によって分類された」とはいいますが、字源なるものは誰の考えた字源なのでしょうか。どの字源を指して字源というのでしょうか。世の中のどの辞典を見ても字源は同じなのでしょうか。そんなことはありません。早い話が、『字統』（白川静・平凡社）などは最も異質な字源ではないでしょうか。氏はその著『字通』の「本書の趣旨」で「漢字に字形学的な解説を加える時には、従来は『説文解字』によって説くことが普通であり、（中略）～字形学的体系の上に立つものはほとんどなかった」として「説文学は基本的に改定が必要」だといいます。この考えも間違いではないと思いますし、これからも字源の考え方が変わればおのずから漢字の所属する部もその部首も変わることがあるでしょう。

字源、字源といって『説文解字』（許慎）にしがみついている字書ばかりではなくなりました。現に旧字体で『學』（「子の部」）だった『学』を、現在は「ツの部」にしている辞書もかなりあります。これは一例です。その辞書では「単、巣、営、厳」はどれも「ツの部」です。なのに「栄」は「木の部」です。ここに子どもの頭に混乱が起こります。

こうして見てくると、部や部首を索引として使用（利用）するのはあまり得策でないことがわかります。部首は漢字の索引としては使うべきではありませんし、索引になりうるものでも

第八章

ないと思います。それを索引に代用しようとするところに無理があるのです。部首分類というものは、本来、索引のためのものではないのですから。

索引は、語句や事項などが容易に探し出せるように抜き出して、一定の順序に配列した表なのです。その検索を楽にするための情報のはずのものが、かえって煩雑だったり混乱したりするのではどうしようもありません。それだけに単なる一覧表なのですから索引にはなりえません。現在の部首索引などは教育漢字の字数ときちんと合わせてあります。これが駄目の元凶です。検索のための索引なら、検索に便なる方式であることが必要なのです。

もし、子どものための「学」の索引を作るのに「ツの部」を引いても○ページとあり、「子の部」だと思って「子の部」を見る子どもがいたとしても、どちらの子もちゃんと同じ○ページが引き出せる辞書ならどうでしょう。そうなれば、子どもにとってはうれしいでしょうね。なに？それは間違った考え方を持たせてしまうというのですか。そうでしょうか。索引ってなんでした？

速く的確にその漢字（ここでは「学」の出ているページ）が開ければいいのですよね。そのページが的確に開ければ、その親字のページには「子」の部だと明記してあるのですから「あれ？本当はこの字は『子』の部だったのだな」とわかるのですから。

第八章

それが、索引（インデックス）の役目です。ですから、間違えそうな漢字についてはその間違えそうなところの、何カ所にも間違えそうな、「学」でいえば子どもが「ツの部」と思っても「子の部」だと知っていても、どちらにしてもどこからでも開けるように出しておいてやるのが親切で丁寧というものです。一つの解決策として、そうした索引を作ればいいのです。

なお、本書で紹介した「下村式・漢字早繰り索引」と命名した索引は、従来の部首に頼らない索引です。この「漢字早繰り」は特許庁から商標とし認定を受け、『下村式・小学漢字学習辞典』（偕成社）のなかで、子どもたちに使ってもらっています。これならば、部首がわからなくても、その漢字の読みがわからなくても、総画数が数えられなくても、索引を使うことができると思いませんか。大人ならば、学年別の索引より、音訓順に並べてある索引のほうが調べやすいと思いますが、これは得手不得手、慣れ不慣れがありますので決めつけることはできません。従来の辞書とぜひ引き比べてみてください。

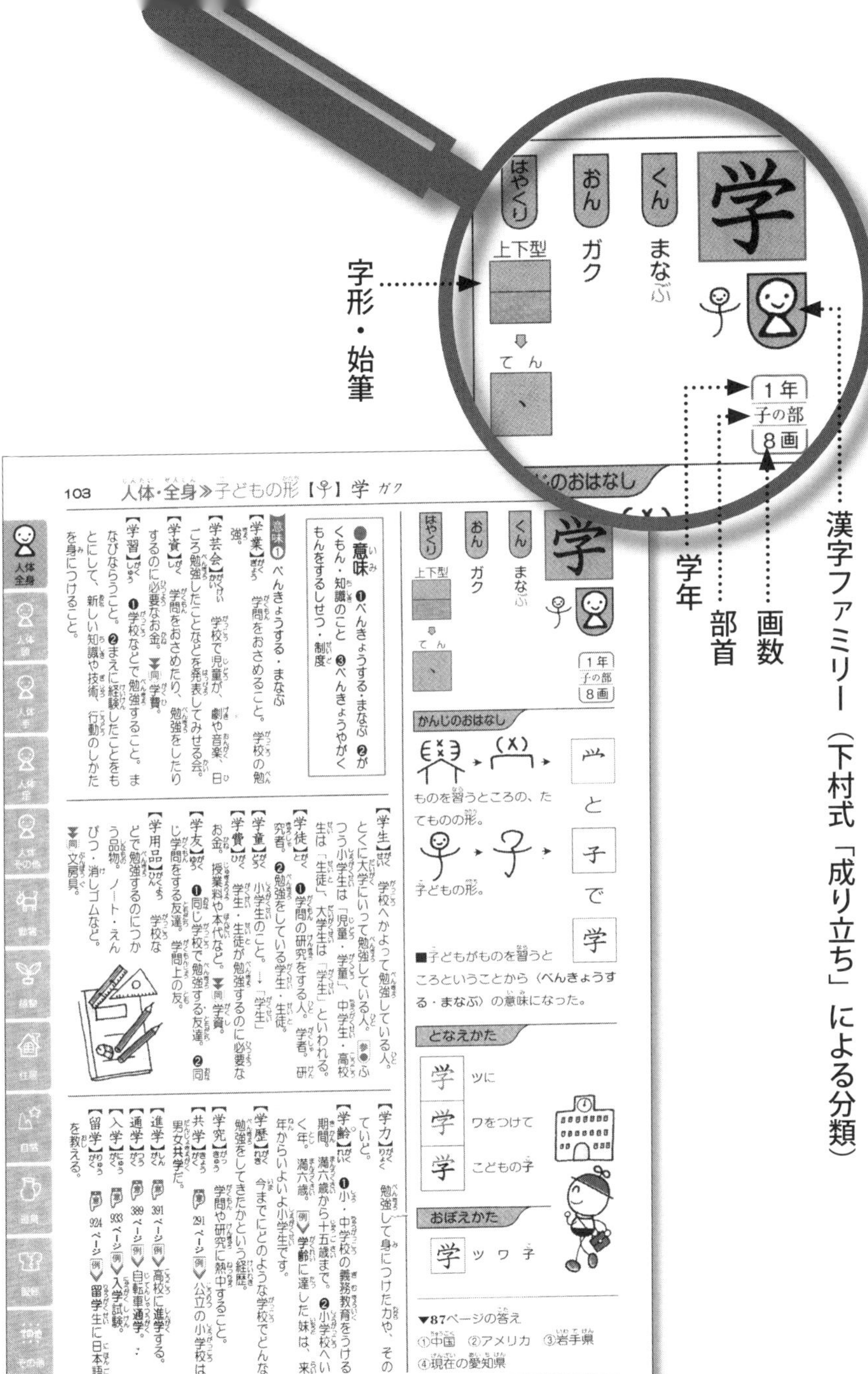

103　人体《じんたい》・全身《ぜんしん》≫子《こ》どもの形《かたち》【孑】学 ガク

学
くん　まなぶ
おん　ガク
はやくり　上下型　てん　、
1年　子の部　8画

●意味《いみ》 ❶べんきょうする・まなぶ ❷がくもん・知識《ちしき》のこと ❸べんきょうやがくもんをするしせつ・制度《せいど》

意味① べんきょうする・まなぶ

【学業】がくぎょう　学問《がくもん》をおさめること。学校《がっこう》の勉強《べんきょう》。

【学芸会】がくげいかい　学校《がっこう》で児童《じどう》が、劇《げき》や音楽《おんがく》、日《ひ》ごろ勉強《べんきょう》したことなどを発表《はっぴょう》してみせる会《かい》。

【学資】がくし　学問《がくもん》をおさめたり、勉強《べんきょう》をしたりするのに必要《ひつよう》なお金《かね》。▼同 学費《がくひ》。

【学習】がくしゅう　❶学校《がっこう》などで勉強《べんきょう》すること。まなびならうこと。❷まえに経験《けいけん》したことをもとにして、新《あたら》しい知識《ちしき》や技術《ぎじゅつ》、行動《こうどう》のしかたを身《み》につけること。

【学生】がくせい　学校《がっこう》へかよって勉強《べんきょう》している人《ひと》。とくに大学《だいがく》にいって勉強《べんきょう》している人《ひと》。参●ふつう小学生《しょうがくせい》は「児童《じどう》・学童《がくどう》」、中学生《ちゅうがくせい》・高校《こうこう》生《せい》は「生徒《せいと》」、大学生《だいがくせい》は「学生《がくせい》」といわれる。

【学徒】がくと　❶学問《がくもん》の研究《けんきゅう》をする人《ひと》。学者《がくしゃ》。研《けん》究者《きゅうしゃ》。❷勉強《べんきょう》をしている学生《がくせい》・生徒《せいと》。

【学童】がくどう　小学生《しょうがくせい》のこと。→「学生《がくせい》」

【学費】がくひ　学生《がくせい》・生徒《せいと》が勉強《べんきょう》するのに必要《ひつよう》なお金《かね》。授業料《じゅぎょうりょう》や本代《ほんだい》など。▼同 学資《がくし》。

【学友】がくゆう　❶同《おな》じ学校《がっこう》で勉強《べんきょう》する友達《ともだち》。❷同《おな》じ学問《がくもん》をする友達《ともだち》。学問上《がくもんじょう》の友《とも》。

【学用品】がくようひん　学校《がっこう》などで勉強《べんきょう》するのにつかう品物《しなもの》。ノート・えんぴつ・消《け》しゴムなど。▼同 文房具《ぶんぼうぐ》。

【学力】がくりょく　勉強《べんきょう》して身《み》につけた力《ちから》や、そのていど。

【学齢】がくれい　❶小《しょう》・中学校《ちゅうがっこう》の義務教育《ぎむきょういく》をうける期間《きかん》。満六歳《まんろくさい》から十五歳《じゅうごさい》まで。❷小学校《しょうがっこう》へいく年《とし》。満六歳《まんろくさい》。例▶学齢《がくれい》に達《たっ》した妹《いもうと》は、来《らい》年《ねん》からいよいよ小学生《しょうがくせい》です。

【学歴】がくれき　今《いま》までにどのような学校《がっこう》でどんな勉強《べんきょう》をしてきたかという経歴《けいれき》。

【学究】がっきゅう　学問《がくもん》や研究《けんきゅう》に熱中《ねっちゅう》すること。

【共学】きょうがく　291ページ 例▶公立《こうりつ》の小学校《しょうがっこう》は男女共学《だんじょきょうがく》だ。

【進学】しんがく　391ページ 例▶高校《こうこう》に進学《しんがく》する。

【通学】つうがく　389ページ 例▶自転車通学《じてんしゃつうがく》。

【入学】にゅうがく　933ページ 例▶入学試験《にゅうがくしけん》。

【留学】りゅうがく　924ページ 例▶留学生《りゅうがくせい》に日本語《にほんご》を教《おし》える。

かんじのおはなし

ものを習《なら》うところの、たてものの形《かたち》。

子《こ》どもの形《かたち》。

⺍ と 子 で 学

■子《こ》どもがものを習《なら》うところということから〈べんきょうする・まなぶ〉の意味《いみ》になった。

となえかた

学　ツに
学　ワをつけて
学　こどもの子《こ》

おぼえかた

学　ツ　ワ　子《こ》

▼87ページの答《こた》え
①中国《ちゅうごく》　②アメリカ　③岩手県《いわてけん》
④現在《げんざい》の愛知県《あいちけん》

漢字ファミリー　子 育 児 字 学 存 季 孫 乳

下村式小学漢字学習辞典
（偕成社）

おわりに

子どもたちが漢字を覚えるのは大変です。小学生が覚えなければならない漢字数は、戦後、初めのころは八八一字、そのうちに九九六字になり、現在は一〇〇六字と、どんどん増えてきました。そしてさらに二〇二〇年からは一〇二六字になろうとしています。

現在、学年ごとに配当されている数は以下の通りです。

第一学年　八〇字　第二学年　一六〇字　第三学年　二〇〇字
第四学年　二〇〇字　第五学年　一八五字　第六学年　一八一字

大変だと思いませんか？　いまの子どもたちは、こんなに漢字を覚えなければなりません。ところが画期的かつ驚異の教える方法があるのです。それにはある条件が必要なのですが…まず、家庭が漢字好きな家庭であること、これは絶対条件です。親が漢字好きな家庭の子は概して漢字が得意です。それは勉強するからではありません。家庭の雰囲気が漢字に興味を持つ雰囲気をもっているからなのです。そういうご家庭ではこの本をお買いもとめてお読みいただいていることだと思います。

学校を見ても、担任教師が漢字好きだという教室は、子どもたちが常に漢字で遊んでいます。この本の中でもそうした場面がいくつか掲げてあります。漢字好きな子どもの多い教室では漢字遊びが日常です。そんな教室では、お楽しみ会やクラスの児童の数だけある誕生会で、漢字のクイズを楽しむとか、日常生活でも遊びとして、学年配当を飛び越えて漢字を楽しみ、マスターしてしまうのです。

教師や親の醸し出す雰囲気というのは大変な効果をもつものです。こんなことを見聞きしていませんか。授業としてしか漢字を扱わない先生のクラスでは、漢字の宿題も多くなりがちです。比例して子どもは漢字嫌いになっていきます。恐ろしいくらいです。

あなたも授業参観などで、お子さんの教室を見ていることでしょうが、小学校の先生はどのように授業をしているのでしょうか？　教え方は先生によっていろいろですが、一般的なことをいうと、およそ次のようなやり方をします。

最初に先生が黒板に書いてみせます。つぎに、先生はもう一度黒板に書いて見せながら、子どもには手を挙げて空書をさせます。そのあとで、特に間違えそうなところ、たとえば「左」と「右」の筆順の違いなどを取り上げて意識づけたり、宿題に出したりして、何度も書いて覚えさせます。とても、楽しい授業とはいえそうもありません。

さらに、漢字学習の指導計画の立て方自体が、先生たちの中で確立されていないということにも問題があります。

これらの問題点をまとめてみると以下のようになります。

・国語の学習全体体系の中で、漢字をいつ、どこで指導するかということがはっきりしていない。したがって、漢字指導に熱心な教師とそうでない教師によって、学習内容に差が出てくる。

・漢字を覚えるには反復学習が必要なのですが、その方法がわからない。したがって、書き取り練習を宿題にするとか、子どもの自主的家庭学習にまかせる例が多い。

・漢字は仮名とはちがう特性があるのにもかかわらず、残念ながら、それを十分に知って指導できる先生が少ない。

・漢字指導の仕方についての工夫や指導そのものを軽視するきらいがある。わりと単純な反復練習になりがちで、飽きさせない工夫というものがない。あるいはそうした手だてが取れない先生もいる。

この本でお話ししたのは、これらと異なった画期的な漢字の指導方法で「下村式漢字学習法」といいます。

いままでは、その方法を使った下村式の「唱えて覚える漢字の本」「小学漢字学習辞典」「漢字練習ノート」「ドラえもんの小学漢字１００６」なども刊行され、多くの子どもたちが楽しく漢字を学んでいます。

本書では、わたしが、どうやってこの「下村式漢字学習法」を創出したかということと、それを使った画期的な指導方法について、説明してきました。この方法を応用して、子どもたちに、楽しく、正しく、漢字を書く力をつけてあげてください。指導の最前線にいる先生はもとより、まさにことばや文字に興味を持ち始めたお子様をお持ちのお母さん、お父さんの参考になると思います。


さて、話は少し変わりますが…

「老骨にむち打つ」ということばがあります。今まさにそのことばがあてはまるような年齢になって、つくづくと幼児のバイタリティに感服してしまいます。わたしはこの原稿に手を入れるのにかなりの時間を要してしまいました。編集の方には大変ご迷惑をおかけしました。

杜甫の詩に『雪に対す』という一編がありますが、この詩は『戦哭す　新鬼多く愁吟するは独り老翁…』という書きだしです。「戦哭」と「愁吟」とがカギの句になって生命永らえている杜甫自身を描いている詩です。「戦哭」は「ぶるぶる震えるように大声を出して泣く」こと。「新鬼」は「最近死んだ人」です。わたしの周りには最近死亡した友人・知人が多くなってきた。残った初老のわたしは一人憂い吟じるばかりである、といったような意味でしょう。わたしは今、この歳になって、執筆するたびにこの句を思い出します。

何十年も物を書き、人前で自己主張して生き恥をさらしてきた身にとっては、幼児や小学校低学年のキラキラとした輝く目を見ていると、最近とみに自分の老骨が恥ずかしく、情けなくもなります。いつまでもいつまでも、幼児の持つ学び心、探求心、意欲、自学自習の精神、そうした彼らの新鮮なバイタリティーに負けないような生き方をしたいものだとつくづく思うこのごろです。

二〇二〇年からは指導要領が改定になり、栃、茨など都道府県名をはじめとして二〇字が追加され、教育漢字の字数も一〇二六字に増え、学年配当も変更することになります。そうした今、漢字教育にまつわる問題で、ことに気になる点を指摘し、改善点について気づいていることを書き残しておかなければ…、この新しい指導要領転換期に当たって、誰かに伝えておかなければ…と、はやる気持ちが抑えられません。これもわたしが年を経たせいでしょうか。

わたしが漢字指導の在り方を考えるこの道に足を踏み入れ始めたのは一九六〇年ごろからだったでしょうか。そのころはまだ、ワードプロセッサーもパソコンもない時代でした。わたしは多くの方々からいらなくなった名刺をもらい集めて、その裏をカード代わりにして、一字一字の親字と音訓別読み方や部首、画数などをそのカードに書き込み、いろいろに並べ換えし易いようにカードの四方八方に切り込みを入れて検索カードを作り上げました。そうして細々と一人で研究をしていたころの一九六五年。当時、小学館の教育技術連盟理事長だった野瀬寛顕氏からお声がかかり、二人で日本学び方研究会という研究団体の旗揚げをすることになりました。

この研究団体の旗揚げ興行を兼ねて『教育漢字学習辞典』（下村昇編著）という四七二ページにわたる辞典を台東区蔵前にあった学林書院（発行者・児山重雄）と

いう出版社から刊行しました。これが漢字教育に関する最初の自著でした。

当時は教育漢字の配当漢字数が八八一字の時代でしたが、この辞典は幸いにも指導を昭和女子大学教授の石森延男先生に、そして表紙前面には当時国語審議会委員をなさっていらっしゃった日本国語教育学会会長の文学博士・西尾実先生と東京教育大学教授・倉沢栄吉先生にお名前と推薦のおことばをいただいて、巻頭を飾ることができました。こうしてご指導、ご援助をいただいた先生方はすでに物故されてしまわれました。

五、六〇年も前にこのような経緯から刊行したこの辞典は刊行後すぐに秋田県などの教育研究団体等で全県採用が決定したなどというニュースが届き、喜んだ記憶があります。そうした各方面の方々の応援のおかげもあり、現在まで下村式あるいは口唱法という名称で、この漢字指導の方法は存続し、一貫して教育漢字の指導法の一つとなっています。

その間に日本学び方研究会では仲間と分担執筆して『漢字とことば』(東書版・光村版全二四冊・学林書院刊)なども刊行し、研究会の啓蒙活動も行いました。そうした活動の中で、この『教育漢字学習辞典』(下村昇編著)は更に一九六八年には『小学生の漢字辞典』という形で光文書院から、一九七五年にはこれらの辞典の骨子となる漢字の成り立ちと口唱法と銘打った筆順の唱え方を二大メインにした漢字指導の解説書『学習の基礎・漢字に親しむ教え方』（下村昇著）を当時、国語関係の専門出版社として活発に活動していた文京区白山の穂波出版社（高木正一社長）から出版し、それが一九七七年には姿を変えて児童書専門の偕成社から『下村式・唱えて覚える漢字の本』（学年別全六冊）へと引き継がれ、新たに刊行されることになりました。

今や発売以来五〇〇万部を超えんとする信頼と実績を誇る小学生のための漢字の本として成長しています。この『下村式・唱えておぼえる漢字の本』（全六冊）はまついのりこさんの描くかわいらしい小人の絵にも支えられて、いまだに刊行され続けています。と同時に「口唱法」とか「唱えておぼえる」などということばは商標として登録されて下村式の代名詞になっています。それが今では偕成社ばかりでなく、小学館からも「ドラえもん版」として刊行されるようになって、全国の書店で販売されています。

こうして振り返ってみると、よくも四、五〇年間も頑張ってきたものだと、われながら思います。しかし、教育界への根強い浸透ということは、たやすいことではないことがわかります。

民間研究団体の研究とか一時的なブームというのはそういったもののようです。漢字指導で考えてみても、誰もが知っている筆順の教え方に、指を高く掲げて「イ〜チ、ニイ〜…」と唱えながら覚える方法や、漢字の点画別に、書く順番に番号を振って示す、あるいは色で筆順を区別する方法などがありますが、明治以来、ほかにどんな効果的な筆順の教え方があったでしょうか。これが最良だという教え方もないまま百年以上ものあいだ日本の筆順教育は行われているのです。

その原因の一つに最近は教員の多忙さがありそうです。先生方の研究成果の共有が難しいのです。指導技術の真似を嫌う風潮もあるのかもしれません。と同時に研究仲間を募って共に実践研究するといった地道な活動が教育界の中ではしにくくなってきているのではないかとも思われます。教育の流行はあっても、それが本当の土台となることはむずかしいものです。

今の教育界は何かが、どこかが、違ってきているのではないかと思うのです。卑近な例でいえば教育システムがちょいちょい変わり、英語教育が入り、教員免許の変更から教員制度、さらには学制、入試制度など、いろいろな目まぐるしい変化があって、教育界そのものが落ち着きません。大学入試の方法までくるくると変わってきていいます。そうしたことに加えて教員の多忙さが半端でないほどだといいます。これでじっくりと先生方の指導研究ができるはずもありません。

民間研究団体が活発に活動するとか、個人研究が地道にできるはずもありません。現場の先生方に時間的、精神的に余裕がないといいます。研究にいそしむ若い力を伸ばすすべもなくなりつつあります。

いまだに漢字字体の正誤、送り仮名、平仮名・カタカナの書き分け方などでさえ、あいまいな理解定着しかされていません。点画の長短、ハネ・払い・止めなどの許容や正誤など、漢字指導のイロハともいえるような、こうした事柄に対する考え方でさえも指導者の間に徹底・理解されているとはいえないのが現状です。板書の仕方ひとつとっても、教えてくれる先輩もいなければ上司もいません。これでは教員にとっても、教わる側の生徒にとっても不幸です。こうしたことが、直接的ではないにしても、入学試験などの場では合否の問題として関係してきかねません。教師の質を高めようとの掛け声はありますが、指導法を有名予備校など民間学習塾の先生から教わる時代であり、正規の教員免許のない人に臨時免許を渡して、隣の教室の先生の真似をしなさいという時代だというのですから、何をかいわんやです。

この時期、この歳になって、「漢字の教え方」に対して、今後どこをどう改革していくべきか、長い年月の間に気づき、感じていることの一端を知ってもらうことが、あとに続く人たちへの自分に課せられた任務の一つではなかろうかと思うようになってきました。

なるべく、わかりやすいように、噛んで含めるように申し送りしたいと思い、筆を執った次第です。同じ道を歩む人たちも、子を持つ親御さんも、ぜひ本書を読んでいただきたいものです。長時間のお付き合いありがとうございました。

著者記す

二〇一八年六月

著者紹介

下村 昇（しもむら のぼる（1933年3月1日）は、日本の国語教育者、児童文学者。東京出身。東京学芸大学卒。東京都内の小学校教師となり、都の教科能力調査委員、国立教育研究所・教育内容室学習開発研究員、全国漢字漢文研究会理事、板橋区立志村小学校教諭などをへて、現代子どもと教育研究所所長。数多くの漢字や国語指導書、子供向け国語本のほか、児童文学も執筆する。

ホームページ　http://www.n-shimo.com

主著（漢字・指導書関係の中からの一部）

『先生と母親のための漢字教室』借成社
『子どもを活かす漢字指導はコレだ!!驚異の口唱法学習全公開』借成社
『下村式小学漢字学習辞典』編著 借成社
『下村式小学国語学習辞典』編著 借成社　『発見！漢字の意味力』勉誠出版
『大人のための漢字クイズ』ＰＨＰ文庫　『みんなの漢字教室』ＰＨＰ新書
『この漢字の書き順知っていますか？』青春出版社　『下村昇の漢字ワールド』全五冊　高文研
『下村式 となえておぼえる 新版 漢字の本 小学1～6年生』借成社　『漢字練習ノート 1～6年生』借成社
『ドラえもんの国語おもしろ攻略 絵で見ておぼえる小学漢字１００６』小学館
『ドラえもんの国語おもしろ攻略 歌って書ける　小学漢字１００６』小学館
『歌って書けるひらがなカタカナ』小学館　『漢字の書きじゅんがわかる　1～3年生』小学館
『一週間でさらっとおさらい 大人の漢字セミナー』ビジネス教育出版
『下村式　はじめての漢字』幻冬舎
『歌って唱えて字が書ける　下村式ひらがなの教え方』クリロンワークショップ画空間
『下村式　となえておぼえる ひらがなのおけいこちょう』クリロンワークショップ画空間
『誰かに話したくなる漢字のはなし』クリロンワークショップ画空間
『もっと誰かに話したくなる漢字のはなし』クリロンワークショップ画空間

歌って唱えて字が書ける
『下村式　漢字の教え方』

二〇一八年七月七日　第一刷発行　NDC 376／807

著　者／下村　昇

発行者／栗原明理
発行所／クリロンワークショップ画空間
〒104-0061
東京都中央区銀座2-11-18　銀座小林ビル3F
電話　03-3546-3377
FAX　03-3546-3376
URL／http://www.a-kukan.com　Eメール／info@a-kukan.com

発　売／株式会社 銀の鈴社
〒248-0017
神奈川県鎌倉市佐助1-10-22　佐助庵
電話　0467-61-1930
FAX　0467-61-1931
URL／http://www.ginsuzu.com　Eメール／info@ginsuzu.com

企　画／下村知行（有限会社 下村教育企画）
イラスト／豊島愛（キットデザイン株式会社）
図版制作／加藤麻依子（クリロンワークショップ画空間）
レイアウト・装丁／近ゆうみ（クリロンワークショップ画空間）
印刷・製本／シナノ印刷株式会社

ISBN 978-4-86618-051-9 C0081 ¥1500E